Marie Feldt

GENUSS IM RUCKSACK

Nachhaltige & unkomplizierte

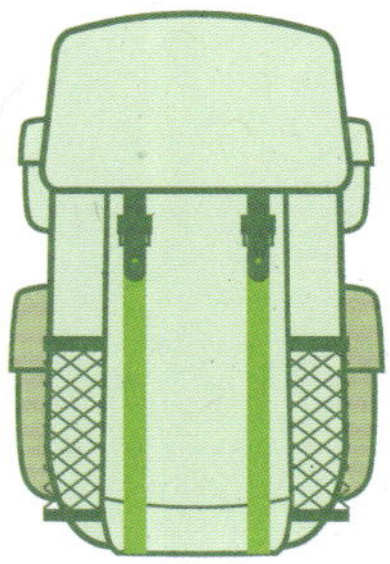

Rezepte fürs Wandern,
Trekking und für Radtouren

Jan Thorbecke Verlag

VERLAGSGRUPPE PATMOS

PATMOS
ESCHBACH
GRÜNEWALD
THORBECKE
SCHWABEN
VER SACRUM

Die Verlagsgruppe
mit Sinn für das Leben

MIX
Papier | Fördert gute Waldnutzung
FSC® C110508

Klimaneutral
Druckprodukt
ClimatePartner.com/14549-2003-1001

Die Verlagsgruppe Patmos ist sich ihrer Verantwortung gegenüber unserer Umwelt bewusst. Wir folgen dem Prinzip der Nachhaltigkeit und streben den Einklang von wirtschaftlicher Entwicklung, sozialer Sicherheit und Erhaltung unserer natürlichen Lebensgrundlagen an. Näheres zur Nachhaltigkeitsstrategie der Verlagsgruppe Patmos auf unserer Website www.verlagsgruppe-patmos.de/nachhaltig-gut-leben

Inhalt gedruckt auf Vivus 100 Recyclingpapier – zu 100% aus Altpapier – ausgezeichnet mit EU Ecolabel, blauer Engel und FSC-zertifiziert

Verlagsgruppe Patmos in der Schwabenverlag AG, Ostfildern
www.thorbecke.de

Gestaltung: Finken & Bumiller, Stuttgart
Umschlagabbildung: tyler nix auf unsplash
Illustrationen: shutterstock
Druck: Westermann Druck Zwickau GmbH, Zwickau
Hergestellt in Deutschland
ISBN 978-3-7995-1981-6

INHALT

WAS HEIẞT UMWELTFREUNDLICH WANDERN?

Die Natur ist beim Wandern, Radfahren oder Picknick unmittelbar um uns, sie ist unsere Gastgeberin, daher ist es wichtig, dass wir besonders achtsam und nachhaltig mit ihr umgehen, wenn wir uns in ihr bewegen. Dies betrifft nicht nur Müll und Verpflegung, sondern auch Ausrüstung, Anreise und den Schutz von Tieren und Pflanzen.

ANREISE

Bereits die Anreise könnt ihr nachhaltig gestalten. Viele Routen und Startpunkte für Touren sind inzwischen gut mit dem öffentlichen Nahverkehr zu erreichen. Falls es doch das Auto sein muss, versucht, Fahrgemeinschaften zu bilden. Solltet ihr mit dem Auto anreisen, nutzt immer die ausgewiesenen Wanderparkplätze und parkt nicht einfach am Straßen- oder Waldrand, auf Wiesen oder im Naturschutzgebiet.

Die Wanderparkplätze haben zudem den Vorteil, dass es dort meist öffentliche Mülleimer gibt und ihr auch Umgebungspläne fürs Radfahren und Wandern findet.

Schaut euch auch mal in eurer Region um, welche Wander- und Radwege es dort gibt. Es braucht vielleicht gar keine umständliche oder gar lange Anreise, weil das nächste Ausflugsziel bereits in eurer unmittelbaren Nähe auf euch wartet.

Ausrüstung

Bevor es losgeht, ist natürlich eine gute Ausrüstung das A und O. Ob Fahrradfahren, Picknick oder Wandern: auf die richtige Ausstattung kommt es an. Es muss keine Profi-Ausrüstung sein, aber sie sollte zur Tour passen. In den Bergen die richtigen Schuhe, Sonnenschutz, bei Regen wetterfeste Kleidung, beim Picknick Decke und Sonnenschirm oder beim Trekking die Kochausrüstung: Wenn ihr an alles gedacht habt, könnt ihr den Ausflug in vollen Zügen genießen. Zu den Packlisten findet ihr auf Seite 18–20 mehr Informationen.

Wenn euch Sachen für die Ausrüstung fehlen, schaut doch mal, ob ihr sie euch leihen oder secondhand erwerben könnt. Zudem könnt ihr recherchieren, welche Marken und Produzenten nachhaltige, faire Mode und Produkte anbieten. Setzt lieber auf Langlebigkeit statt auf Preis, wenn ihr euch dazu entscheiden solltet, neue Produkte zu kaufen — wenn es gut läuft, dann habt ihr von einem qualitativ hochwertigen Wanderrucksack euer ganzes Leben lang etwas.

Letztlich gilt: je weniger weggeworfen oder wiederverwendet wird, desto mehr Ressourcen werden gespart.

Es muss zudem nicht immer Funktionskleidung sein. Sie enthält oft Kunstfasern wie Polyester, welches aus Erdöl gewonnen wird und bei jedem Waschgang Mikroplastik in das Abwasser abgibt. Kleidung aus Baumwolle oder Naturfasern ist ebenso atmungsaktiv (und im Winter wärmend) und schont bei jedem Waschgang die Umwelt.

Verpflegung

Ausreichend Proviant auf langen Touren ist für mich mit das Wichtigste, denn gutes Essen motiviert und gibt Energie. Bereits beim Einkaufen achte ich darauf, so wenig wie möglich Lebensmittel mit Plastikverpackung zu kaufen. Am besten: ihr kocht und backt selbst und verpackt euren Proviant in Frischhaltedosen, Gläsern und Bienenwachspapier.

Und das Trinken nicht vergessen! — In Thermoskannen und Trinkflaschen abgefüllt, halten die Getränke zudem im Sommer kalt und im Winter warm.

So lange braucht Müll mindestens zum Verrotten:

- Apfelgehäuse: 2 Wochen
- Bananenschale: 6 Wochen
- Papier: 6 Monate
- Taschentuch: 1 Jahr
- Orangenschale: 2 Jahre
- Kaugummi: 5 Jahre
- Zigarette: 10 Jahre
- To-Go-Becher: 50 Jahre
- Kronkorken: 80 Jahre
- Plastiktüte 120 Jahre
- Alufolie: 200 Jahre
- Alu-Dose: 500 Jahre
- Plastikflasche: 450 Jahre
- Glasflasche: 4 000 Jahre

Wenn ihr länger unterwegs seid und Gelegenheiten zum Auffüllen eure Getränkeflaschen habt, nehmt am besten noch einen Aktivkohlefilter mit. Die gibt's günstig zu kaufen, und sie reinigen das Wasser — ob aus Brunnen oder trinkbaren Quellen — zusätzlich.

MÜLL

Die wichtigste Regel in der Natur: Nehmt euren Müll wieder mit. Nicht nur, dass Pflanzen und Tiere dadurch zu Schaden kommen könnten, nein, auch Pestizide in Verpackungen oder Zigarettenstummeln oder lange Verrottungsprozesse sorgen für Ungleichgewicht im Ökosystem. Das gilt nicht nur für Plastikverpackungen, sondern selbst Obstschalen von Bananen und Zitrusfrüchten sind eher schädlich als gut für die Umwelt.

Nehm euch einfach eine kleine Plastiktüte oder ein Säckchen mit, packt dort alles rein, was sich an Müll ansammelt, und schmeißt es dann am besten Zuhause getrennt nach Verpackungsmaterial weg.

Dies gilt übrigens auch für Toilettengänge in der freien Natur, denn auch dieses Papier solltet ihr wieder mitnehmen und nicht einfach in der Natur liegen lassen. Ein Zellstofftaschentuch benötigt mehr als 1 Jahr zum Verrotten.

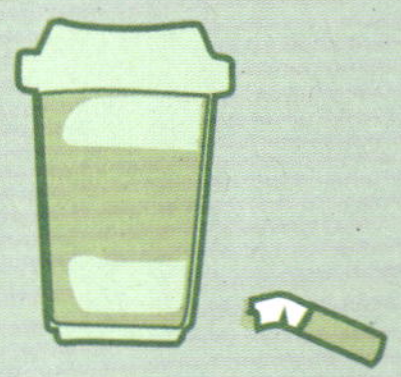

Die Grundregel beim Toilettengang ist, dass man nicht in der unmittelbaren Nähe von Gewässern urinieren sollte und für das „größere“ Geschäft ein kleines Loch buddelt und hinterher wieder schließt (ohne Papier oder Taschentuch). Im Naturschutzgebiet ist selbst das meistens sogar ganz verboten.

Es spricht übrigens nichts dagegen, wenn ihr Müll seht, diesen auch in euer Müllsäckchen einzupacken und so der Umwelt etwas Gutes zu tun.

TIERE UND PFLANZEN

Achtet auf ausgewiesene Rad- und Wanderwege. Schaut besonders beim Picknicken darauf, wo ihr euch in der Natur und besonders im Naturschutzgebiet niederlasst.

Beim Baden in Naturseen oder Bächen achtet auch auf die chemischen Substanzen, die ihr durch Hygieneartikel im wahrsten Sinne des Wortes mit euch führt: Insektensprays oder Sonnencreme können sich von eurer Haut ins Wasser lösen und so dem Ökosystem schaden.

Bei Trekking verwendet nur Hygieneprodukte wie Shampoo und Seife, die zur Verwendung in der Natur empfohlen werden (z.B. Wascherde). Ihr findet sie im Reformhaus oder direkt im Trekkinggeschäft.

Achtet auch auf Wald- und Weidetiere. In vielen Gegenden in den Bergen laufen die Weidetiere der Bauern frei herum. Versucht, einen Bogen um die Tiere zu machen, und verscheucht oder ärgert sie nicht. Dies gilt auch für Wildtiere — seid hierbei besonders vorsichtig bei Dämmerung und in der Nacht sowie in Brunft- und Brutzeiten. Zudem ist das Füttern von Wild- und Weidetieren verboten — auch wenn ihr euren Proviant lecker findet, solltet ihr ihn unterwegs nicht mit Tieren teilen.

Informationen dazu bekommt ihr im Internet oder vor Ort beim Naturschutzbund oder Alpenverein.

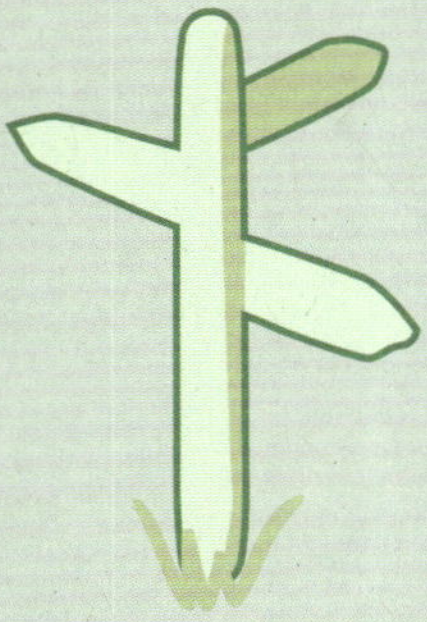

Verändert nicht die Lebenswelt der Tiere, wenn ihr euch darin bewegt: Brecht keine Äste ab oder baut Staudämme an Bächen. Bewegt euch achtsam durch die Natur.

Besonders sorgsam sollte ihr vor allem beim Trekking sein: Übernachtet nur an ausgewiesenen Campingplätzen oder Biwakstellen und zerstört für euer Nachtlager keine Natur. Biwakstellen gibt es auch in deutschen Naturparks, man muss sich aber vorher anmelden und erhält dann erst die genaue Lage (s. S. 151)

LAGERFEUER UND FEUERSTELLEN

Wenn ihr bei euren Touren und Ausflügen Grillen wollt, tut dies nur an ausgewiesenen Feuerstellen. Vor allem im Sommer besteht durch den Klimawandel immer öfter Waldbrandgefahr. Dies gilt auch für die Verwendung eures Kochers: Achtet stets auf feuerfeste, ebene Untergründe und bleibt beim Feuer sitzen, damit nichts passieren kann.

ÜBERLASTUNG

„Das musst du gesehen haben!“, so oder so ähnlich geben Freunde, Kolleginnen oder Medien Tipps zu Ausflugszielen und Sightseeing-Spots. Leider sind diese aber oft überlaufen — vor allem in den Hauptreisezeiten. Dies belastet die Umwelt zusätzlich. Versucht bei euren Touren darauf zu achten, dass ihr nicht in „Massen“ unterwegs seid. Die schönsten Ziele bleiben euch erhalten, auch wenn ihr sie vielleicht ein paar Wochen später als andere gesehen habt.

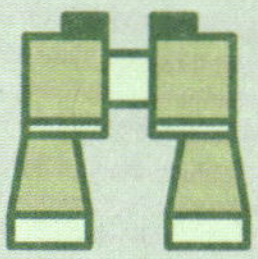

WANDERN MIT HUND

Selbstverständlich wollen wir bei Ausflügen nicht auf unsere vierbeinigen Freunde verzichten. Nehmt Hunde bei Wanderungen in der freien Natur stets an die Leine, um Unfälle mit anderen Menschen, aber auch mit Wild- und Weidetieren zu vermeiden.

Vergesst bitte auch nicht ausreichend Kotbeutel für euren Hund mitzunehmen, diese zusammen mit eurem Müll wieder zum Ausgangspunkt zu bringen und entsprechend zu entsorgen.

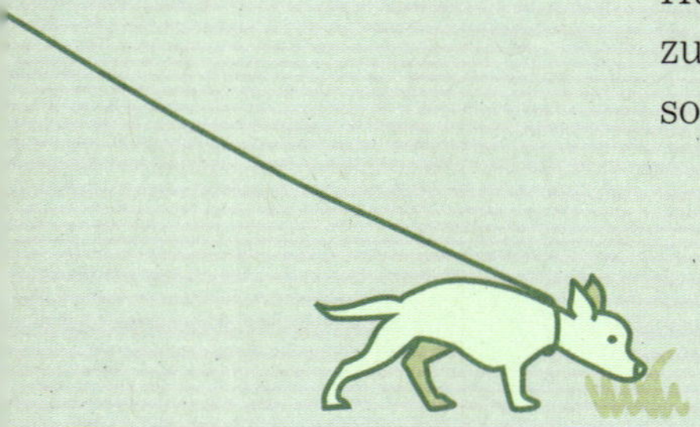

RUCKSACK PACKEN — ABER WIE?

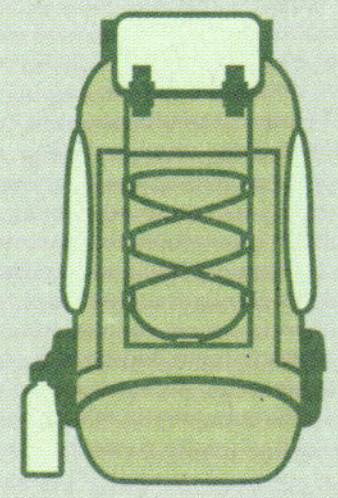

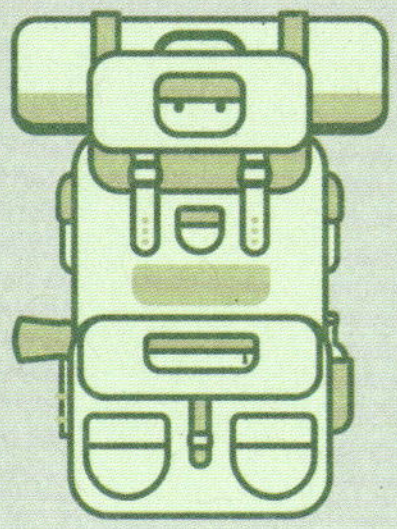

Die wichtigste Regel beim Rucksackpacken ist: Überflüssiges hat keinen Platz. Das klingt vielleicht trivial, ist es aber manchmal gar nicht. Viel zu oft schwankt man, ob es nicht doch ein T-Shirt mehr sein soll und man vorsichtshalber neben der Stirnlampe als Ersatz doch noch die Taschenlampe einpackt – die doch eigentlich inzwischen an jedem Mobiltelefon als Extra zur Verfügung steht.

Auf manches lässt sich definitiv nicht verzichtet, auf anderes schon. Und auch die Frage, wo im Rucksack was verstaut werden sollte, damit ihr die Last richtig verteilt beim Wandern und ohne Schmerzen am Ziel ankommt, ist essentiell.

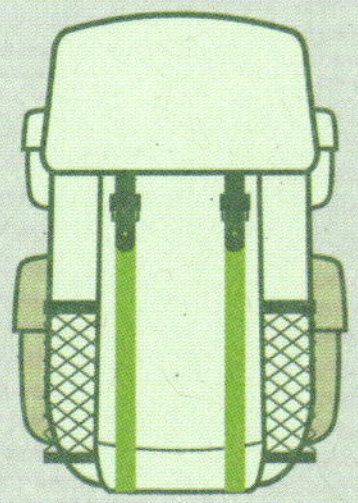

DAS A UND O BEIM RUCKSACKPACKEN

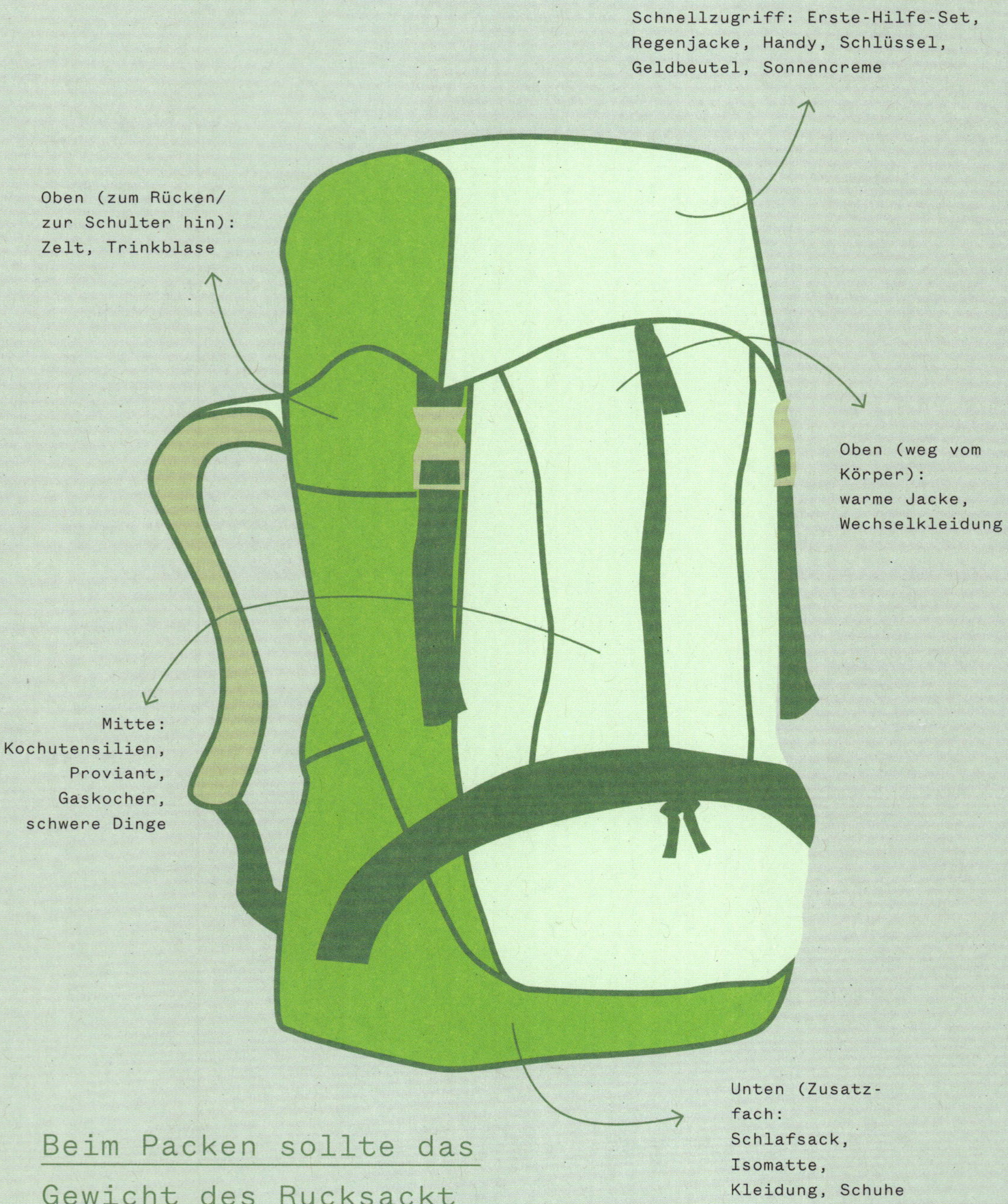

Beim Packen sollte das Gewicht des Rucksackt ca. 20 % eures eigenen Körpergewichts nicht überschreiten.

Wenn ihr euch im Fachgeschäft einen Rucksack kauft, lasst euch die Einstellmöglichkeiten der Trageriemen und des Hüftgurts (falls vorhanden) ausführlich erklären und stellt zusammen mit dem Fachpersonal den Rucksack auf eure Größe und den Tragekomfort ein. Der Schwerpunkt des Rucksacks sollte nach Möglichkeit immer dicht am Körper und in Schulterhöhe liegen. Zudem helfen ein Brust- und ein Hüftgurt, dass das Gewicht nicht allein von den Schultern getragen wird und sich besser verteilt.

Leichte Gegenstände sollten immer ins Bodenfach bzw. unten in den Rucksack. Schwere Sachen wie Ausrüstung und Jacken werden so nah wie möglich am Körper getragen, Dies gilt auch für Equipment und Nahrungsmittel, die ihr fürs Trekking mitnehmt, wie Brenner und Dosen. Leichte Kleidung wie T-Shirts und Proviant kommen nach vorn. Portemonnaie und Erste-Hilfe-Box legt ihr am besten in das kleine Fach oben, denn das ist immer leicht erreichbar. In die Seitenfächer kommen Getränkeflaschen, so dass ihr immer Zugriff auf euer Wasser habt.

Werden Schlafsack und Zelt auf eurem Ausflug benötigt und passen nicht mehr in den Rucksack, könnt ihr sie außen am Rucksack festbinden. Hierfür sind Wanderrucksäcke meist mit unendlich vielen Möglichkeiten an Gurten und Bändern ausgestattet. Dabei wieder darauf achten, dass die schweren Sachen schulternah und leichte Sachen unten festgebunden werden. Achtet darauf, dass die Schnüre und Gurte nicht zu lang sind, damit ihr nicht hängen bleibt und die Sachen nicht „baumeln". Zudem sollten Dinge, die ihr außen befestigt, immer wetterfest verpackt sein. Die Regenhülle für den Rucksack sollte leicht zugänglich sein, damit ihr bei einem plötzlichen Wolkenbruch nicht lange suchen müsst.

DAS GEHÖRT IN DEN RUCKSACK

WANDERN UND AUSFLÜGE – FÜR 1 TAG

- Beim Wandern verlierst du durch Bewegung viel Flüssigkeit, daher: mindestens 1–2 Liter Wasser einpacken. Fruchtschorle, Obst- oder Gemüsesäfte sind natürlich erlaubt, sollten aber, wenn möglich, nur zusätzlich zum Wasser getrunken werden.
- In der kalten Jahreszeit solltest du zudem immer etwas Wärmendes wie Tee in einer Thermoskanne mitnehmen.
- Frisches oder getrocknetes Obst geben dir durch ihren natürlichen Fruchtzucker Energie für Zwischendurch.
- Gemüse liefert vor allem Ballaststoffe, aber auch Mineralstoffe und Vitamine, die du bei körperlicher Anstrengung benötigst. Du kannst dein Gemüse als Rohkost, aber auch zubereitet oder verarbeitet mitnehmen.
- Wichtig ist auch eine gute, nahrhafte Portion Kohlenhydrate. Ein Klassiker hierfür: belegte (Vollkorn-) Brote, am besten mit eiweißreichen Aufstrichen, Käse und Gemüse.
- Auch Müsliriegel und Energyballs mit Nüssen und Nussmus bieten dir eine gute Eiweißquelle. Nüsse enthalten zudem Magnesium (gut gegen Muskelkrämpfe) und geben dir zusätzliche Energie.

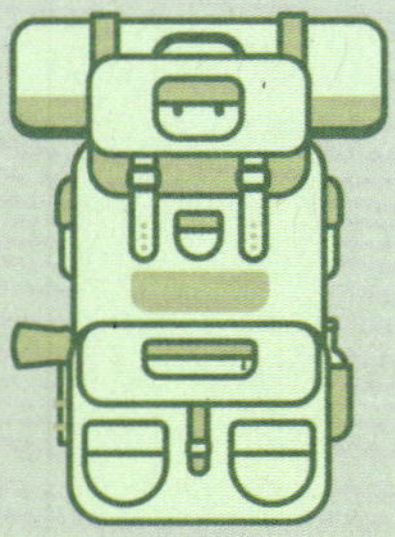

Neben all den guten Nahrungsmitteln und deinem Smartphone sollte dein Rucksack folgende hilfreiche Dinge enthalten:

- Taschenmesser — kann man immer gebrauchen!
- (Blasen-)Pflaster — wenn die Schuhe doch mal drücken
- Sonnencreme — nicht nur an heißen Tagen
- Regencape oder Regenjacke — für unerwartete Schauer
- Sonnenbrille — so wie die Haut sollten wir auch unsere Augen bei Sonnenschein schützen
- Kopfbedeckung (gegen Sonne und Wind)
- Ersatzsocken — falls ihr doch mal nasse Füße bekommt
- einen kleinen Zipperbeutel oder eine Mehrwegbox — für all die schönen Dinge, die man am Wegesrand findet, z.B. Wildkräuter oder Beeren
- kleine Picknickdecke — nicht immer und überall findet ihr eine Bank
- Wanderstöcke — für anspruchsvolleres Gelände oder empfindliche Knie
- Wanderkarte — falls der Empfang des Smartphones mal versagt
- Wasserflasche (eventuell 2, oder zusätzlich eine Thermosflasche)

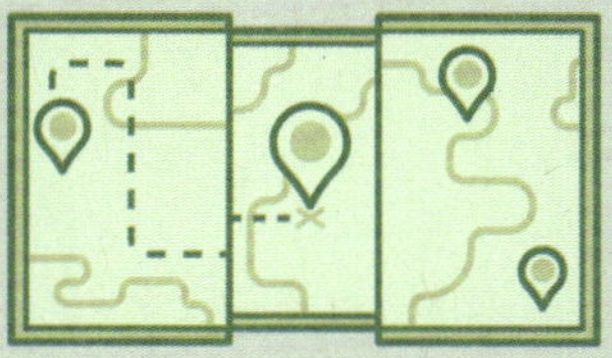

Ihr sucht das Abenteuer und wollt mehrere Tage in die Natur? Die Packliste für mehrtägige Trekkingausflüge und was ihr beim Packen beachten solltet, findet ihr auf der nächsten Seite

WANDERN UND AUSFLÜGE — FÜR 2 ODER MEHRERE TAGE

Bei einer Mehrtagestour gehört neben dem bereits Genannten noch Folgendes in den Rucksack, wenn ihr in einer Hütte übernachtet:

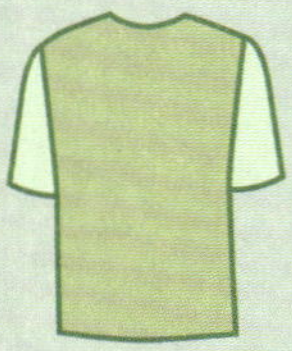

- (Hütten-)Schlafsack — so leicht wie möglich (ersatzweise ein Bettbezug zum Reinkrabbeln), es gibt Decken in den Hütten
- Wechselwäsche — nicht mehr als 1 Teil pro Tag, hierzu zählen T — Shirt, Socken und Unterwäsche

- Ohrstöpsel — wenn auf der Hütte im Mehrbettzimmer jemand schnarcht

- Zahnpasta, Zahnbürste, Seife — nur die notwendigen Kosmetikprodukte einpacken (für Gewichtsfuchser: von Seife und festem Shampoo die benötigte Menge abschneiden, Zahnpasta-Tabletten abzählen)
- kleines Reisehandtuch und Waschlappen

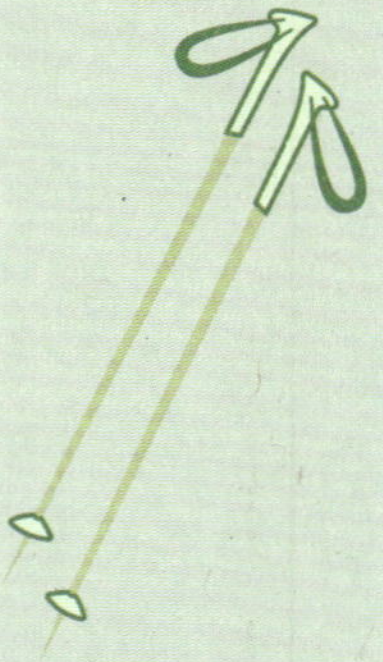

- Hüttenschuhe — zum Beispiel ein Paar Flipflops
- Mütze oder Basecap — schützt euren Kopf gegen Kälte oder Sonnenschein
- Bargeld

Bei einer Mehrtagestour, bei der ihr draußen im Zelt übernachtet, packt zusätzlich noch ein:

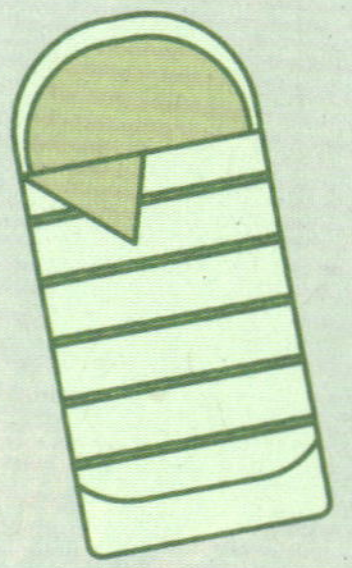

- Isomatte oder sehr leichte Luftmatratze
- Schlafsack — so leicht und gleichzeitig so warm wie möglich
- Wechselwäsche — nicht mehr als 1 Teil pro Tag, hierzu zählen T-Shirt, Socken und Unterwäsche

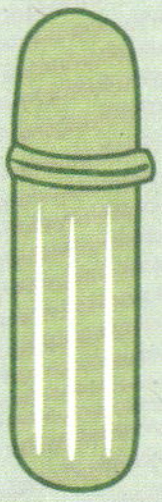

- Zahnpasta, Zahnbürste, Seife — nur das nötige, s.o.
- kleines Reisehandtuch und Waschlappen
- Stirnlampe oder Taschenlampe — falls das Smartphone doch mal versagt
- Powerbank oder Solar-Ladegerät — um euer Smartphone zu laden
- ausreichend Wasser — noch besser: macht euch mit den Trinkwasserquellen vor eurer Tour vertraut
- Wasserbeutel (5 l) als Reserve für „Durststrecken" ohne Quellen

- Zelt — Größe entsprechend der Personenzahl, am besten mit Mückennetz und geschützter Apsis für Schuhe etc.
- Lebensmittel — Energieriegel und Nüsse sowie Zutaten für die Hauptmahlzeiten inklusive Frühstück

- Je nach Verpackung der Lebensmittel: Dosenöffner, Flaschenöffner
- Geschirr und Besteck aus bruchfestem Material (Gewichtsfuchser sparen sich Teller und Gabel und löffeln von Suppe bis Müsli alles aus einem Napf.)

- Campingkocher und Brennmaterial mit Zubehör (s. S. 23)

WICHTIG IST: überlegt euch gut, ob ihr alles, was ihr in den Rucksack packt, wirklich braucht oder ob es für die Zeit der Wanderung oder des Ausfluges nicht auch ohne geht.

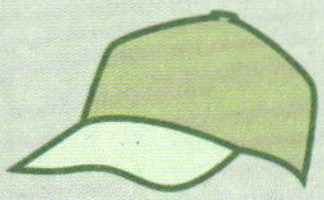

- In die Notfallapotheke kommen neben (Blasen-) Pflaster:
- Verbandsmaterial
- Sterile Tupfer und Wundkompressen
- Desinfektionsspray
- Rettungsdecke
- Kohletabletten
- Aspirin

RADTOUREN

Für Fahrradtouren gilt dieselbe Packliste. Hier könnt ihr eure Sache wunderbar in Fahrradtaschen packen und müsst sie nicht auf dem Rücken tragen. Aber: Achtet darauf, dass ihr euer Fahrrad nicht zu schwer bepackt, denn auch dieses Gewicht muss am Ende von euch – besonders bergauf – gefahren werden.

Ergänzt eure Packliste um folgendes:

- Fahrradhelm
- Fahrradhandschuhe
- Trikot – kurz und lang, je nach Wetterlage
- zweite Fahrradhose für nach dem Regen
- Bikeschuhe
- Magnesium oder Elektrolyttabletten
- Flickset und Ersatzschlauch
- kleines Reparaturset, u.a. mit Werkzeug und Ersatzschrauben
- Luftpumpe
- Wasserflasche mit Halter am Rahmen

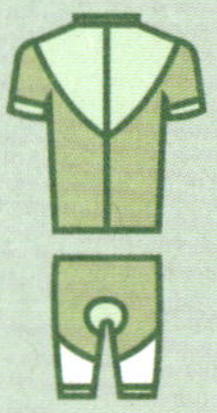

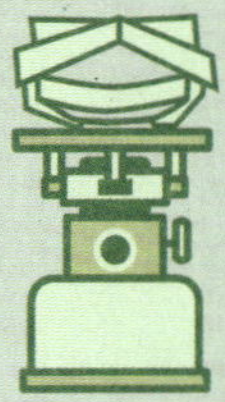

CAMPINGKOCHER

Die meisten Rezepte in diesem Buch sind so gedacht, dass ihr sie zuhause vorbereitet und fertig verpackt in den Rucksack legt. Für diejenigen, die etwas Warmes schätzen, gibt es Punsch und Suppen für die Thermoskanne (S. 141ff). Auf Wanderhütten gibt es meistens gutes Essen, so dass nur die von uns, die zelten oder in Biwakhütten gehen, einen Campingkocher brauchen. Für sie sind die Rezepte aus dem Kapitel „Kochen auf mehrtätigen Wanderungen“ (S. 113ff).

Die erste Frage, wenn man einen Kocher sucht, lautet oft: „Gas, Spiritus, Benzin oder Esbit?“. Darauf gibt es keine allgemeingültige Antwort. Wer länger geht, wird vielleicht unterwegs neuen Brennstoff kaufen und sollte überlegen, was vor Ort verfügbar ist. Spiritus z.B. gibt es fast überall, von der Apotheke bis zum kleinsten Supermarkt, Gaskartuschen können je nach Land variieren. Benzin ist oft verfügbar, stinkt und rußt aber im Gegensatz zu Gas. Die kleinen Esbitkocher sind sehr praktisch für eine Tasse Kaffee oder Instantsuppe, reichen aber kaum für ein Abendessen.

Wenn es darum geht, wie schnell und effizient der Kocher ist, spielt nach meiner Erfahrung die Konstruktion eine größere Rolle als der Brennstoff. Was nützt das schönste Feuer, wenn der Wind zwischen Topf und Flamme hindurchfährt? Je mehr Flamme und Topf vor Wind geschützt sind, desto besser fürs Kochen; wer hier nicht den idealen Kocher erwischt hat, sollte nach natürlichem Windschutz im Gelände schauen. Die Konstruktion des Kochers sollte außerdem standfest sein, denn noch frustrierender als eine Suppe, die nicht warm wird, ist eine Suppe, die auf dem Boden landet — ich spreche aus Erfahrung!

Zum Kocher gehört natürlich ein Topf (aus leichtem Aluminium), und in diesen Topf könnt ihr das weitere Zubehör packen: Streichhölzer oder Feuerzeug, eventuell einen Kochlöffel und Salz sowie ein Tuch zum Abtrocknen, das auch als Topflappen dient.

Wichtig: Seht euch die Sicherheitshinweise für euren Kocher und die Aufbewahrung des Brennstoffs genau an und haltet euch daran!

DER PERFEKTE START IN DEN TAG

Menge
für ca. 400 g Granola (ca. 30 EL)
Backzeit
20 Minuten

TIPP: ENERGIE DURCH QUINOA

Quinoa ist eine perfekte Eiweiß-Quelle und enthält reichlich Eisen, Magnesium und Zink. Zudem besticht Quinoa durch so genannte komplexe Kohlenhydrate, die sich langsamer abbauen und somit länger Energie spenden.

QUINOA-GRANOLA

MIT NÜSSEN, APRIKOSEN UND SKYR

Zutaten
250 g Quinoaflocken
70 ml Olivenöl
70 ml Ahornsirup
eine Prise Salz

Zum Frühstück
3 EL Granola
1 TL Leinsamen
1 EL gehackte Haselnüsse
1 EL Pistazien
2 getrocknete Aprikosen
3 EL Skyr oder griechischen Joghurt

Zubereitung

- Quinoaflocken, Olivenöl und Ahornsirup miteinander vermengen. Eine Prise Salz hinzufügen.
- Alles auf einem Blech verteilen und etwas andrücken.
- Das Blech in den Backofen schieben und alles bei 170 °C ca. 20 Minuten backen. Wichtig: nach der Hälfte der Zeit einmal kurz durchmischen und wieder etwas festdrücken. Danach beobachten, das Granola darf nicht „verbrennen", was ziemlich schnell passieren kann.
- Das Granola aus dem Ofen nehmen und abkühlen lassen. Erst nach dem vollständigen Abkühlen vorsichtig auseinanderbrechen und in ein verschließbares Glas oder eine Vorratsdose abfüllen.
- Die Haselnüsse hacken und die Aprikosen in kleine Stücke schneiden.
- Skyr oder griechischen Joghurt in eine Schüssel geben und darüber das Granola, den Leinsamen, die gehackten Haselnüsse, Aprikosenstücke und Pistazien geben.

Für mehr Frische sorgen hier vor allem Beeren, zum Beispiel eine Handvoll Heidelbeeren und Erdbeeren. Und wer vor dem Wandern noch einen Extra-Energieschub benötigt, kann auch eine Banane klein schneiden und hinzufügen.

Menge

für 2 Portionen

TIPP: HEIMISCHES POWERGETREIDE

Haferflocken sind reich an Antioxidantien und somit wichtig für unser Immunsystem. Auch sie enthalten wie Quinoa viel Eisen. Sie machen lange satt und sind ein guter Energielieferant für einen perfekten Start in den Tag.

VITAMINMÜSLI

MIT FRÜCHTEN

Zutaten

4 EL Haferflocken
2 EL Dinkelflocken
1 geriebener Apfel
1 EL Rosinen
2 EL gemahlene Mandeln
1 EL Leinsamen
300 ml Milch oder Haferdrink
>>über Nacht stehen lassen (vgl. Bircher Müsli)

Zum Frühstück

2 EL gehackte Walnüsse
1 Banane oder 1 Birne
100 g Heidelbeeren

Zubereitung

- Am Vorabend Haferflocken, Dinkelflocken, geriebenen Apfel, gemahlene Mandeln, Rosinen und Leinsamen in eine Schüssel geben. Milch oder Haferdrink hinzugeben und alles gut miteinander vermengen. Über Nacht verschlossen kühl stellen.
- Am Morgen Walnüsse klein hacken und Banane oder Birne klein schneiden.
- Das Müsli auf 2 Schüßeln verteilen und das Obst und die Nüsse darüberstreuen.

Menge

für 2 Portionen

Ziehzeit

über Nacht

TIPP: PROTEINPULVER

Die zwei zusätzlichen Eiweiße können auch durch Proteinpulver ersetzt werden, das ihr zum Mehl gebt. Je nach Marke sind hier andere Mengen notwendig, oft sind es ca. 20 bis 25 g pro Portion. Bitte lest hierzu immer die Empfehlungen auf der Verpackung des Produktes.

EIWEIß-PANCAKES

MIT ERDBEEREN UND BANANE

Zutaten

2 Eier
2 Eiweiß
½ Banane
50 g Vollkorndinkelmehl
100 ml Milch oder Haferdrink
1 Prise Salz
Öl zum Braten, z.B. Sonnenblumenöl

Dazu passt

Erdbeeren
1/2 Banane

Zubereitung

- Die Eier trennen. Das Eiweiß mit einer Prise Salz aufschlagen.
- Die Banane mit einer Gabel zerdrücken, so dass ein sämiger Fruchtbrei entsteht. Mehl, Eier und Milch hinzufügen und alles miteinander verquirlen. Das aufgeschlagene Eiweiß vorsichtig unterheben, so dass die Pancakes wunderbar fluffig werden.
- 1 EL Öl in die Pfanne geben und erhitzen. Mit einer Kelle kleine Mengen Teig in die Pfanne geben und zu Pancakes ausbacken.
- Banane und/oder Erdbeeren kleinschneiden. Die Pancakes mit den Obststücken garnieren.

Ich mag gerne neben dem Obst auch noch etwas Skyr oder griechischen Joghurt als Topping zu den Pancakes. Selbstverständlich schmecken sie auch ganz klassisch nur mit Ahornsirup wunderbar.

375 ML
Sirop d'érable PUR
PURE Maple Syrup
CANADA CATÉGORIE A AMBRÉ GOÛT RICHE
CANADA GRADE A AMBER RICH TASTE

Menge
für 2 Portionen
Ziehzeit
über Nacht

TIPP: EXOTISCHE FRÜCHTE

Exotische Früchte und Beeren bekommt ihr inzwischen auch ohne schlechtes Gewissen aus einem europäischen Herkunftsland wie Spanien oder Italien — ohne große Lieferwege und in fairer Bio-Qualität, sowohl auf dem Wochen-, als auch im Biomarkt.

EXOTISCHER CHIAPUDDING

Zutaten
60 g Chia
400 ml Kokosdrink
2 Passionsfrüchte
2 TL Gojibeeren

Dazu passt
Mango
Ananas
Papaya

Zubereitung

- Am Abend vorher Chia mit Kokosdrink vermischen.
- Passionsfrüchte halbieren und das Fruchtfleisch (mitsamt den Kernen) mit einem Löffel herauskratzen. Zusammen mit den Gojibeeren zum Chia-Kokosdrink-Mix hinzufügen und vermengen.
- Über Nacht im Kühlschrank stehen lassen. Den Chia-Pudding auf zwei Schüsseln aufteilen.
- Mango, Ananas oder Papaya schälen, entkernen, klein schneiden und hinzufügen. Die Menge hängt ganz von eurem Geschmack und Hunger ab.

Je nach Jahreszeit kann man hier auch mit dem Pflanzendrink und dem Obst variieren: Im Winter schmeckt der Pudding auch mit Mandeldrink und statt Gojibeeren einer Prise Zimt, dazu z.B. Quittenkompott mit Vanille. Oder im Frühling einfach Kokosdrink durch Haferdrink ersetzen, Rosinen statt Gojibeeren und morgens frische Beeren hinzufügen. Seid kreativ!

Menge

für 6 Stück

Kühlzeit

1–2 Stunden

Backzeit

12–15 Minuten

TIPP: „FLUFFIGES" PROTEIN

Um mehr Proteine und Eiweiße für den sportlichen Einsatz zu euch zu nehmen, einfach einen Teil der Flüssigkeit durch geschlagenes Eiweiß ersetzen. Großer Vorteil: viele Backwaren werden dadurch auch „fluffiger".

SCONES MIT BLAUBEEREN

Zutaten

150 g Dinkelmehl
1 TL Backpulver
50 g Zucker
1 Pk. Vanillezucker
Abrieb einer Zitrone
50 g kalte Butter
1 Eiweiß
1 Prise Salz
2 EL kalte Milch oder Haferdrink
1 Ei
60 g griechischer Joghurt
100 g Blaubeeren
etwas Milch oder Pflanzendrink zum Bestreichen

Dazu passt

Lemoncurd

Zubereitung

- Wichtig beim Backen von Scones ist es, dass alle Zutaten kalt verarbeitet werden.
- Mehl, Backpulver, Zucker, Vanillezucker und Abrieb der Zitrone in eine Schüssel geben und vermengen. Die kalte Butter in kleine Stücken schneiden (oder hobeln) und hinzufügen. Gut verkneten.
- Das Eiweiß mit einer Prise Salz steif schlagen. Anschließend nach und nach Milch, 1 Ei, Joghurt verrühren und zum Schluss das steifgeschlagene Eiweiß unterheben. Alles nur kurz miteinander vermengen, bis sich alle Zutaten gerade verbunden haben. Am besten verwendet ihr hierfür einen Handmixer oder eine Küchenmaschine.
- Die Blaubeeren hinzufügen und vorsichtig unterheben.
- Den Teig auf einer bemehlten Fläche zu einem runden Teigfladen formen und in 6 gleiche Teile teilen. Die Teigstücke etwas versetzt zueinander auf einen mit Backpapier ausgelegten Backblech auslegen und ca. 1 bis 2 Stunden kalt stellen.
- Backofen auf 180 °C (Umluft) vorheizen.
- Die Teigstücke auf dem Blech mit etwas Milch bestreichen und ca. 12 bis 15 Minuten goldgelb backen.

Den Teig könnt ihr auch am Vorabend zubereiten, über Nacht in den Kühlschrank stellen und erst am Folgetag backen. Ich mag die Scones am liebsten „klassisch" mit Lemoncurd. Aber noch warm schmecken sie auch einfach nur mit etwas Puderzucker fantastisch.

Menge

für 2 Portionen

RÜHREI

MIT TOMATEN UND BASILIKUM

Zutaten

2 Tomaten
1 kleine Zwiebel
5 Basilikumblätter oder
2 Stiele
Thai-Basilikum
1 EL Butter
Kräutersalz
4 Eier

Zubereitung

- Einen kleinen Topf mit Wasser zum Kochen bringen. Die Tomaten unten anritzen (über Kreuz). Den Topf vom Herd nehmen und die Tomaten 2 Minuten in das heiße Wasser legen. Die Tomaten wieder herausnehmen und häuten.
- Die Tomaten halbieren und die Kerne entfernen. Anschließend das Fruchtfleisch in kleine Stücke schneiden.
- Die Zwiebel klein schneiden. Die Basilikumblätter abzupfen und gegebenenfalls klein schneiden.
- In der Pfanne Butter erhitzen. Die Zwiebel und die Tomaten darin andünsten. Mit etwas Kräutersalz würzen und das Basilikum hinzufügen. In der Pfanne sollte die Flüssigkeit der Tomaten fast vollständig verdampft sein, bevor das Ei hinzugefügt wird.
- Die Eier aufschlagen und miteinander verquirlen.
- Die Eier über die Zwiebel-Tomaten-Mischung geben und vorsichtig vermengen. Die Hitze reduzieren und das Ei langsam stocken lassen. Mit einem Pfannenwender ab und zu gleichmäßig rühren oder nur schieben.

Am liebsten esse ich das Rührei auf einer Scheibe Vollkornbrot (z.B. dem Roggenvollkornbrot von Seite 53) mit (Kräuter-)Quark .

UNTERWEGS UND AUF DIE HAND

TIPPS FÜR GESUNDE UND NACHHALTIGE ERNÄHRUNG UNTERWEGS

Zu eurem Proviant in der Brotdose gehören selbstverständlich auch Snacks. Für Wanderungen und Radtouren sollten die Snacks ausreichend Kohlenhydrate und Proteine mitbringen.

Geeignet sind:

- Gemüsechips
- Nüsse und Kerne
- Traubenzucker
- Trockenfleisch / Beef Jerky
- Obst, vor allem Bananen
- Reiswaffeln mit und ohne Zartbitterschokolade

Die Vorbereitung auf körperlich anstrengende Ausflüge beginnt jedoch schon am Vorabend und am Morgen vor dem Losgehen oder Losfahren. Ihr könnt am Abend, bevor es losgeht, leicht verdauliche Kohlenhydrate

wie Vollkornnudeln oder Vollkornreis zusammen mit Eiweißquellen wie Fisch und Hülsenfrüchten zu euch nehmen. Und morgens direkt mit einem Power-Müsli aus Getreide, Nüssen und Skyr starten. So sind alle Speicher in eurem Körper „vollgetankt", Knochen und Muskeln sind gut versorgt und tragen euch durch den ganzen Tag.

Beim Wandern und Radfahren versucht immer, eure Speicher in kleinen Etappen wieder aufzufüllen: Macht mehrere kleine Pausen und verzichtet auf die große Jause mit Kässpätzle oder Kaiserschmarrn am Wegesrand. So bleibt ihr den ganzen Tag fit, und euer Körper wird nicht so schnell müde. Auch hier gilt die Regel: viele Kohlenhydrate und Eiweiße einpacken. Vollkornbrote mit Frischkäse, Falafel aus Kichererbsen oder auch Vollkornmuffins süß und salzig. Zudem gehören Nüsse und Müsliriegel in den Rucksack.

Spätestens nach 3 Stunden solltet ihr in jedem Fall eine Pause machen und eure Energiespeicher wieder auffüllen.

Nehmt immer ausreichend zu trinken mit. Vor allem Wasser, aber auch isotonische Sportgetränke könnt ihr zusätzlich einpacken, falls die Tour lang und anstrengend ist.

Obst und Gemüse versorgen euch zusätzlich mit Flüssigkeit. Und oft auch mit vielen wichtigen Spurenelementen und Vitaminen. Natürlich dürfen Bananen nicht fehlen — aber auch Äpfel und Beeren (je nach Saison) geben Energie.

Nach der Rückkehr pflegt den Körper nicht nur äußerlich, sondern achtet auch hier noch einmal darauf, alle Speicher wieder aufzufüllen mit einem vollwertigen Essen. So schont ihr die Muskeln zusätzlich und helft ihnen, sich schnell wieder zu regenerieren.

Menge

für 2 Portionen bzw. 4 Wraps

Kühlzeit

1 Stunde + 15 Minuten

Backzeit

30 Minuten

WRAP

MIT FALAFEL UND JOGHURTSOSSE

Zutaten

Für die Fladen

100 g Mehl
½ TL Backpulver
Salz
50 ml Wasser (lauwarm)
1 EL Öl

Für die Falafeln

200 g Kichererbsen
1 kleine Zwiebel
1 Knoblauchzehe
½ rote Paprika
10 g Petersilie
20 g Kichererbsenmehl (oder Maismehl)
1 TL Kreuzkümmel
2 TL Paprikapulver
Pfeffer
Saft 1/2 Zitrone
Öl zum Einpinseln

Zubereitung

- Für die Falafeln Kichererbsen nach Anleitung auf der Packung einweichen und kochen. Die abgekühlten Kichererbsen in ein hohes Gefäß füllen und mit dem Stabmixer pürieren.
- Zwiebel, Knoblauch, Paprika und Petersilie in feine Stücke schneiden und zusammen mit 1 EL Kichererbsenmehl und dem Kichererbsenmus zu einem Teig vermengen. Mit Gewürzen und Zitronensaft abschmecken und den Falafelteig mindestens 1 Stunde in den Kühlschrank stellen.
- Währenddessen für den Wrapteig Mehl, Backpulver und Salz mischen. Zunächst das Wasser, dann das Öl hinzufügen und nach und nach zu einem glatten Teig verarbeiten. Den Teig 15 Minuten im Kühlschrank ruhen lassen.

Fortsetzung siehe nächste Seite

Zutaten

Für die Joghurtsoße

Dill
Knoblauch
Joghurt
Salz
Pfeffer

Für die Füllung

geriebene Karotte
Salatblätter
Paprikastreifen

Zubereitung

- In der Zwischenzeit die Joghurtsoße zubereiten: hierfür Dill und Knoblauch klein schneiden und mit dem Joghurt, Salz und Pfeffer verrühren.
- Den Wrapteig in 4 Stücke teilen und jeweils flach ausrollen. Die Stücke nacheinander in eine beschichtete Pfanne geben und ausbacken (der Teig sollte Blasen werfen). Damit die Teigblätter weich genug zum Rollen bleiben, mit einem angefeuchteten Tuch abdecken.
- Den Falafelteig aus dem Kühlschrank holen und kleine Bällchen formen. Den Backofen auf 200 °C vorheizen, die Falafelbällchen leicht flach drücken, mit etwas Öl bepinseln und 30 Minuten backen. Nach ca. 15 Minuten einmal wenden.
- Nun wird alles zusammengebracht: Einen Teigfladen auf einen Teller legen, mit Joghurtsoße bestreichen, Salatblätter auslegen, kleingeschnittenes Gemüse nach Belieben darauf verteilen, Falafelbällchen auflegen und alles zusammen einrollen (zunächst die Seiten einklappen, an einem Ende einschlagen, etwas festziehen und den Wrap zu Ende einrollen).

Kichererbsen im Glas sind bei diesem Falafelrezept leider ein Glücksspiel – ich weiß nicht, woran es liegt, aber es ist mir schon zu oft passiert, dass der Falafelteig nicht richtig binden wollte und es Falafelkrümel aus dem Backofen gab. Hier also den Aufwand nicht scheuen und getrocknete Kichererbsen einweichen und kochen.

Menge

für 2 Portionen bzw. 4 Wraps

Kühlzeit

15 Minuten

ROSMARIN-WRAP

MIT KÜRBIS UND ZIEGENKÄSE

Zutaten

Für die Wraps

100 g Mehl
½ TL Backpulver
1 TL fein geschnittener Rosmarin
Salz
50 ml Wasser (lauwarm)
1 EL Öl

Für die Füllung

¼ Kürbis (Hokkaido)
2 EL Olivenöl
1 EL Honig
½ TL Chiliflocken
ca. 120 g Ziegenkäse (oder Feta)
4–6 Walnüsse
4 TL Dijonaise
ca. 80 g Feldsalat
Salz
Pfeffer

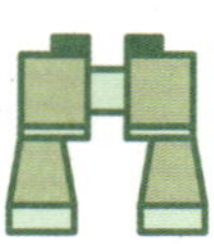

Zubereitung

- Den Kürbis in Spalten schneiden. Olivenöl, Honig und Chiliflocken vermengen und damit den Kürbis einpinseln. Die Kürbisspalten auf einem Blech auslegen und 25 bis 30 Minuten bei 180 °C im Ofen backen. Anschließend den Kürbis abkühlen lassen.
- Für den Fladenteig Mehl, Backpulver, kleingeschnittenen Rosmarin und Salz mischen. Zunächst das Wasser, dann das Öl hinzufügen und nach und nach zu einem gatten Teig verarbeiten. Den Teig 15 Minuten im Kühlschrank ruhen lassen.
- Den Wrapteig in 4 Stücke teilen und jeweils flach ausrollen. Die Stücke nacheinander in eine beschichtete Pfanne geben und ausbacken (der Teig sollte Blasen werfen). Damit die Teigblätter weich genug zum Rollen bleiben, mit einem angefeuchteten Tuch abdecken.
- Ziegenkäse in feine Scheiben schneiden und Walnüsse grob hacken.
- Nun wird alles zusammengewickelt: Einen Wrapfladen auf einen Teller legen, mit Dijonnaise bestreichen, Feldsalat auslegen, Käse und Walnüsse sowie Kürbisspalten darauf verteilen. Alles zusammen einrollen (zunächst die Seiten einklappen, an einem Ende einschlagen, etwas festziehen und den Wrap zu Ende einrollen).

Menge
für ein Brot
Backzeit
1 Stunde

TIPP: SPROSSEN SELBER ZIEHEN

Es ist ganz einfach: Nehmt eine flache Form und legt diese mit etwas Küchenpapier aus, welches ihr dann mit einem Zerstäuber anfeuchtet. Die Saat darauf verteilen, immer mal wieder befeuchten, und nach wenigen Tagen sind die Sprossen fertig.

VITALBROT

MIT SPROSSEN, FRISCHKÄSE UND RADIESCHEN

Zutaten

Für das Vitalbrot
250 g Haferkleie
1 Päckchen Backpulver
2 TL Salz
3 EL Leinsamen
2 EL Sonnenblumenkerne
2 EL Kürbiskerne
500 g Quark
6 Eier

Belag für ein Brot
1 Karotte
2 Radieschen
1 EL Schnittlauch, in feinen Ringen
50 g Frischkäse, natur
20 g Sprossen
Salz, Pfeffer

Zubereitung

- Das Brot gelingt super schnell, weil man es nicht gehen lassen muss. Einfach Haferkleie mit Backpulver, Salz, Leinsamen, Sonnenblumenkernen und Kürbiskernen vermengen. Anschließend den Quark und die Eier hinzufügen und alles mit einem Handrührgerät zu einem glatten Teig verarbeiten.
- Eine Kastenform etwas einfetten und am Boden etwas Haferkleie verteilen. Den Backofen auf 180 °C vorheizen (Umluft) und das Brot ca. 1 Stunde backen. Mit der Stäbchenprobe prüfen, ob das Brot gut durchgebacken ist. Auf einem Gitter auskühlen lassen.
- Karotte und Radieschen in feine Scheiben hobeln, den Schnittlauch in feine Ringe schneiden. Eine Scheibe Brot mit Frischkäse bestreichen, Sprossen, Karotten und Radieschen sowie den Schnittlauch darauf verteilen, mit Salz und Pfeffer würzen. Eine zweite Scheibe Brot mit Frischkäse bestreichen und beide zu einem Sandwich zusammenklappen.

Dieses selbstgebackene Brot strotzt nur so vor Proteinen und ist somit ein wertvoller Energielieferant. Natürlich lässt es sich mit allem belegen, was der Kühlschrank bei euch daheim hergibt.

Menge

für ein Baguette

Gehzeit

2 Stunden

Backzeit

20 Minuten

BAGUETTE

MIT KÜRBISKERNPESTO, BERGKÄSE, APFEL UND RUCOLA

Zutaten

Für das Baguette

½ TL Hefe

1 Prise Zucker

100 ml Wasser (lauwarm)

130 g Weizenmehl (Typ 550)

½ TL Salz

Für das Kürbiskernpesto (1 Glas)

100 g Kürbiskerne

1 Bund Basilikum

50 ml Kürbiskernöl

70 ml Olivenöl

50 g Parmesan

Salz, Pfeffer

Belag für ½ Baguette

30 g Bergkäse (z.B. Appenzeller)

¼ Apfel

30 g Rucola

Zubereitung

- Für das Baguette Hefe mit einer Prise Zucker in einer Schüssel mit dem warmen Wasser auflösen, anschließend Mehl und Salz hinzufügen und alles miteinander verrühren, bis sich die Zutaten verbunden haben (ihr braucht keine Küchenmaschine).
- Den Teig abdecken und 2 Stunden an einem warmen Ort gehen lassen. Den Backofen auf 240 °C vorheizen. Eine kleine Schüssel mit Wasser auf den Backofenboden stellen.
- Nach dem Gehen den Teig, der sehr weich, beinahe flüssig ist, aus der Schüssel auf eine bemehlte Oberfläche geben, vorsichtig zu einem Baguette formen und auf ein (Baguette-)Blech geben.
- Das Baguette ca. 20 Minuten backen und auf einem Gitter auskühlen lassen.
- Für das Kürbiskernpesto alle Zutaten in einem Food Processor oder in einem hohen Gefäß mit einem Stabmixer zerkleinern und pürieren, bis eine glatte Masse entsteht. Das Pesto in ein sauberes Schraubglas abfüllen.
- Das Baguette quer halbieren und längs aufschneiden. Eine Seite des aufgeschnittenen Brotes mit 1 TL Kürbiskernpesto bestreichen. Käse und Apfel in feine Scheiben schneiden und auf der Baguettehälfte verteilen. Den Rucola darauflegen und die Baguettehälften zusammenklappen.

Meistens backe ich direkt mehrere Baguettes – nehme also die Menge einfach mal 4. Das Baguette lässt sich sehr gut einfrieren und bei Bedarf im Ofen schnell wieder aufbacken.

Menge

für ein Brot

Anstellzeit

über Nacht

Gehzeit

2 Stunden

Backzeit

25 Minuten + 20 Minuten

TIPP: SAUERTEIG

Anstellgut für Sauerteigbrote gibt es inzwischen auch bei der örtlichen (Bio-)Bäckerei — einfach mal nachfragen. Ich greife sehr gern darauf zurück. Auch diesen könnt ihr immer wieder „weiterfüttern", aber Kaufen erspart euch die Vorlaufzeit und das Risiko, dass das Anstellgut vielleicht nicht richtig gärt (sauer wird).

ROGGEN-VOLLKORNBROT

AUS DEM TOPF MIT GERÄUCHERTEM TOFU UND KRAUTSALAT

Zutaten

Für den Sauerteig

- 50 g Anstellgut
- 280 g lauwarmes Wasser
- 240 g Roggenvollkornmehl

Für den Hauptteig

- Sauerteig
- 500 g Roggenvollkornmehl
- 250 g lauwarmes Wasser
- 20 g Salz
- 10 g gemahlener Kümmel
- 10 g gemahlener Fenchelsamen

Krautsalat

- ¼ Kopf Weißkohl
- 3 EL Essig
- 3 EL Olivenöl
- 1 TL Reissirup
- 1 TL gemahlener Kümmel oder ganzer Kümmelkörner
- ½ TL Salz
- Pfeffer nach Geschmack

Belag für 1 belegtes Brot

- 2 TL Dijonnaise
- 50 g geräucherter Tofu
- 2 EL Krautsalat
- 2 Gewürzgürkchen

Zubereitung

- Das Brot braucht 1 Tag Vorlauf. Für den Sauerteig das Anstellgut mit warmen Wasser in einer Schüssel verrühren. Anschließend das Roggenvollkornmehl dazugeben und leicht kneten. Mit einem Geschirrtuch abdecken und in einem warmen Raum über Nacht oder mindestens 12 Stunden reifen lassen. Der Teig sollte sichtbar gewachsen sein.
- Auch der Krautsalat sollte bereits am Vorabend zubereitet werden: Kraut in feine Streifen schneiden oder hobeln. Die restlichen Zutaten aus der Liste zu einer Vinaigrette verrühren, über die Krautstreifen geben, gut vermengen und über Nacht im Kühlschrank ziehen lassen.

Fortsetzung siehe nächste

Zubereitung

- Am nächsten Tag den Hauptteig für das Brot zubereiten. Hierfür zum Sauerteig das Mehl, das Wasser und die Gewürze hinzugeben und alles zu einem glatten Brotteig verarbeiten. Den Teig zu einem runden Laib formen und in einer Schüssel oder in einem Gärkörbchen nochmals 2 Stunden abgedeckt an einem warmen Ort gehen lassen.
- Das Brot wird in einem Bräter mit Deckel gebacken. Hierfür den Ofen auf 250 °C vorheizen (Umluft). Wichtig: den Bräter bereits während des Vorheizens mit Deckel im Ofen mit erhitzen.
- Wenn der Ofen vorgeheizt ist, den Bräter vorsichtig aus dem Ofen holen, Deckel abnehmen, das Brot (vorsichtig!) in den heißen Topf legen, den Topf wieder mit dem Deckel verschließen und für ca. 25 Minuten im heißen Ofen backen.
- Nach dieser Zeit den Deckel entfernen und das Brot nochmals ca. 20 Minuten backen, bis es dunkel und knusprig ist.
- Das Brot zum Auskühlen auf ein Gitter legen.
- 1 Scheibe Brot mit Dijonnaise bestreichen, Räuchertofu in Scheiben schneiden und darauf verteilen. Den Krautsalat gut abtropfen lassen und ebenfalls auf dem Brot verteilen. Wer mag, kann nun noch Gewürzgürkchen in Scheiben schneiden und darüberlegen. Ein zweite Scheibe Brot mit Dijonnaise bestreichen, die beiden Scheiben zusammenklappen und halbieren.

Menge

6 Onigiri

Marinierzeit

1 Stunde

Ihr braucht

eventuell Onigiri-Förmchen

ONIGIRI

MIT RINDFLEISCH UND SESAM

Zutaten

150 g Sushireis
200 ml Wasser

100 g Rinderfilet
½ rote Paprika
½ Zwiebel
1 EL Sesamöl
3 EL Sojasauce
1 EL Misopaste dunkel
1 TL Sesam

3 Nori-Algenblätter

Zubereitung

- Den Sushireis gründlich waschen und mit 150 ml Wasser bei niedriger Temperatur ohne Deckel köcheln lassen, bis das Wasser verdampft und der Reis bissfest ist. Der Reis kann auch in einem Reiskocher zubereitet werden. Den Reis anschließend auskühlen lassen.
- Für die Füllung Rindfleisch, Paprika und Zwiebel in ganz feine Streifen schneiden und mit Sesamöl und Sojasauce in einer Schüssel vermengen. Für 1 Stunde abgedeckt ziehen lassen.
- Eine Pfanne erhitzen und das eingelegte Fleisch und die Zwiebeln darin anbraten. Misopaste und Sesam hinzufügen und vermengen. Die Füllung ebenfalls abkühlen lassen.
- Die Onigiri können mit der Hand oder einem Onigiri-Förmchen aus dem Asiamarkt geformt werden. Zunächst eine Schicht Reis (ca. 1–2 EL Reis) flach drücken. Darauf die Füllung geben und wiederum mit einer Schicht Reis bedecken.
- Wenn ihr die Onigiri mit der Hand formt, dann feuchtet euch die Hände mit Wasser an, damit der Reis nicht klebt. Formt nun die Onigiri leicht zu Dreiecken.
- Die Nori-Algenblätter halbieren und die Reisecken darin einwickeln.

Menge

6 Onigiri

Kochzeit

10 Minuten

Ihr braucht

eventuell Onigiri-Förmchen

TIPP: GESUNDHEIT AUS DEM MEER

Wakame-Algen sind reich an Vitaminen, z.B. Vitamin A, C, E und B6. Auch Vitamin B12 wurde in den Algen nachgewiesen, es ist jedoch umstritten, ob es vom Menschen verwertet werden kann. Auf jeden Fall enthält die Pflanze aber viele Proteine und Mineralstoffe, z.B. Calcium, Magnesium und Phosphor, die alle drei wichtig für unsere Muskeln sind.

ONIGIRI

MIT TERIYAKI-ALGEN-FÜLLUNG

Zutaten

150 g Sushireis
150 ml Wasser
20 g Ingwer
1 Knoblauchzehe
6 Champignons
1 EL Sesamöl
2 EL Sojasauce
1 EL Mirin (Reisweinwürze)
1 Prise Rohrohrzucker oder Reissirup
2 TL getrocknete Wakame-Algen
3 Nori-Algenblätter

Zubereitung

- Den Sushireis gründlich waschen und mit 150 ml Wasser bei niedriger Temperatur köcheln lassen, bis das Wasser verdampft und der Reis bissfest ist. Der Reis kann auch in einem Reiskocher zubereitet werden. Den Reis anschließend auskühlen lassen.
- Für die Füllung zunächst die Teriyaki-Sauce zubereiten: den Ingwer reiben sowie die Knoblauchzehe und die Pilze fein würfeln. Mit Sesamöl, Sojasauce, Mirin und Zucker in einem kleinen Topf erhitzen und 10 Minuten köcheln lassen. Die Sauce abkühlen lassen.
- Währenddessen die Wakame-Algen in reichlich kalten Wasser mindestens 15 Minuten einweichen und anschließend gut abspülen.
- Die Wakame-Algen mit der Teriyaki-Sauce vermengen.
- Die Onigiri mit der Hand oder einem Onigiri-Förmchen aus dem Asiamarkt formen. Zunächst eine Schicht Reis (ca. 1–2 EL Reis) flach drücken. Dann darauf die Füllung geben und wiederum mit einer Schicht Reis bedecken.
- Wenn ihr die Onigiri mit der Hand formt, dann feuchtet euch die Hände mit Wasser an, damit der Reis nicht klebt. Formt nun die Onigiri leicht zu Dreiecken.
- Die Nori-Algenblätter halbieren und die Reisecken darin einwickeln.

Menge

8 Stück

Backzeit

20–25 Minuten

Ihr braucht

eine Muffinform

MUFFINS

MIT GETROCKNETEN TOMATEN UND MOZZARELLA

Zutaten

150 g Dinkelvollkornmehl
1 TL Backpulver
½ TL Salz
3 Eier
3 EL Olivenöl
120 ml Buttermilch
6 getrocknete Tomatenscheiben in Öl
125 g Mozzarella
2 Stiele Basilikum
Etwas Öl oder Butter zum Einfetten

Zubereitung

- Eine Muffinform mit etwas Öl oder Butter einfetten.
- Das Mehl mit Backpulver und Salz vermengen. Eier, Olivenöl und Buttermilch hinzufügen und alles zu einem glatten Teig verarbeiten.
- Die getrockneten Tomaten und den Mozzarella in kleine Stücke schneiden. Die Basilikumblätter abzupfen und in feine Streifen schneiden. Tomatenstücke, Mozzarella und Basilikum zu dem Teig hinzufügen und vorsichtig unterrühren.
- Den Teig in die Förmchen verteilen.
- Den Backofen auf 170–180 °C vorheizen (Umluft) und ca. 20–25 Minuten goldbraun backen.
- Die Muffins noch warm aus der Form lösen und abkühlen lassen.

Menge
für 6 bis 10 Teigtaschen
Ruhezeit
30 Minuten

TIPP: VEGANE ALTERNATIVE

Diese Teigtaschen habe ich das erste Mal bei einer Freundin in Berlin serviert bekommen — und war sofort hin und weg. Man kann sie auch mit Sojageschnetzeltem oder Veggie-Hackfleisch statt Rinderhack zubereiten. Einfach 1:1 ersetzen.

TSCHEBUREKI – HERZHAFTE TEIGTASCHEN MIT FLEISCHFÜLLUNG

Zutaten

150 g Dinkelmehl
1 Ei
½ TL Salz
50 ml Wasser
½ Zwiebel
1 Knoblauchzehe
150 g gemischtes Hackfleisch
1 EL fein geschnittene Petersilie
½ TL Kreuzkümmel
½ TL Paprikapulver
Salz, Pfeffer
Rapsöl zum Ausbacken

Zubereitung

- Mehl mit Ei, Salz und Wasser zu einem glatten Teig verarbeiten und für eine halbe Stunde abgedeckt an einem kühlen Ort ruhen lassen.
- Währenddessen die Füllung vorbereiten. Zwiebel und Knoblauch fein würfeln. Das Hackfleisch in eine Schüssel geben, Zwiebel, Knoblauch, Petersilie und die Gewürze hinzufügen. Eine Prise Salz und frisch gemahlenen Pfeffer hinzugeben. Alles gut vermengen.
- Den Teig ausrollen und Kreise ausstechen, z.B. mit einem Glas oder einer kleinen Schüssel.
- Auf die runden Teiglinge mit einem Teelöffel etwas Füllung verteilen, den Teigrand mit etwas Wasser leicht befeuchten und die Teigkreise zu Halbmonden zusammenklappen. Mit einer Gabel die Teigränder noch einmal eindrücken.
- In einer tiefen Pfanne oder einem Wok reichlich Pflanzenöl, das sich zum Frittieren eignet, erhitzen. Mit einem Holzstiel prüfen, ob das Öl heiß ist: Wenn sich am Holz Bläschen bilden, könnt ihr loslegen.
- Die Teigtaschen goldgelb im Öl ausbacken und anschließend auf ein Küchenpapier legen, damit das Öl gut abtropfen kann.

PACK DIE PICKNICK-DECKE AUS!

Menge

für eine Quiche

Kochzeit

2+7+50 Minuten

Kühlzeit

30 Minuten

Ihr braucht

eine Quicheform

QUICHE

MIT BROKKOLI, SPINAT UND FETA

Zutaten

Für den Teig

175 g weiche Butter
300 g Dinkelvollkornmehl
1 Ei
½ TL Salz

Für die Füllung

300 g Brokkoli
200 g Spinat
2 EL Olivenöl
3 Eier
100 ml Sahne
1 TL Paprikapulver
Salz, Pfeffer
150 g Feta

Zubereitung

- Zunächst den Teig für die Quiche zubereiten. Hierfür Butter, Mehl, Ei und Salz miteinander zu einem Mürbteig verarbeiten. Den Teig zu einer Teigkugel formen und abgedeckt im Kühlschrank 30 Minuten ruhen lassen.
- Währenddessen den Brokkoli in kleine Stücke schneiden. Den Brokkoli sowie den Spinat getrennt voneinander blanchieren. Hierfür zunächst den Spinat in etwas gesalzenem Wasser 2 Minuten kochen, abschöpfen und unmittelbar in kaltem Wasser abschrecken. Anschließend den Brokkoli im Salzwasser ca. 5–7 Minuten kochen und ebenfalls in kaltem Wasser abschrecken.
- In einer Schüssel Eier, Sahne, Paprikapulver, Salz und Pfeffer vermengen. Den Feta zerkleinern (am besten mit den Händen leicht zerbröseln), ebenfalls in die Eier-Sahne-Mischung geben und alles miteinander vermischen. Spinat und Brokkoli gut abtropfen lassen, zu der Eiermilch hinzugeben und unterheben. Das ist eure Quiche-Füllung.
- Eine Quicheform mit Backpapier auslegen. Den Teig ausrollen und in die Quicheform geben. Den Rand gut festdrücken. Mit einer Gabel den Boden leicht einstechen. Die Füllung daraufgeben.
- Im vorgeheizten Bachofen bei 180 °C (Umluft) ca. 45 bis 50 Minuten backen.

Menge

6 bis 8 Stück

TIPP: POLENTA ZUM PANIEREN

Die Polenta als Ersatz für Semmelbrösel beim Panieren sorgt dafür, dass die Zucchinitaler besser ihre Form behalten sowie schön knusprig werden und vor allem: bleiben!

ZUCCHINITALER

MIT PARMESAN UND BASILIKUM

Zutaten

2 mittelgroße Zucchini
2 Eier
2 EL Mehl
2 EL geriebener Parmesan
Salz Pfeffer
2 Zweige Basilikum
Petersilie
4 EL Olivenöl
4–6 EL Polenta

Zubereitung

- Die Zucchini reiben und mit etwas Salz eine Viertelstunde beiseitestellen. Anschließend die Zucchini gut auspressen. Der Teig würde sonst durch den Zucchinisaft zu flüssig werden und nicht gut binden.
- Die ausgepresste Zucchinimasse mit Eiern, Mehl und geriebenem Parmesan zu einem glatten Teig verarbeiten. Mit Salz, Pfeffer und den klein geschnittenen Kräutern würzen.
- In einer Pfanne Olivenöl oder ein anderes Pflanzenöl erhitzen.
- Die Zucchinimasse in 6 bis 8 gleich große Portionen teilen und kleine Bratlinge daraus formen. Die Bratlinge in Polenta wenden und anschließend in der Pfanne goldgelb ausbacken.
- Auf einem Küchenkrepp nach dem Braten gut abtropfen lassen.

Selbstverständlich könnt ihr für die Zucchinitaler auch einen Dip nach Wahl mit in den Rucksack packen. Sie eignen sich auch – vorgebacken – sehr gut als vegetarische Pattys für Burger beim Picknick oder Grillen.

Menge

für 1 Foccaccia

Gehzeit

60+30 Minuten

Backzeit

25 Minuten

FOCCACIA

MIT ZITRONE UND ROSMARIN

Zutaten

1 Päckchen Trockenhefe
150 ml lauwarmes Wasser
250 g Weizenmehl (Typ 550)
2 EL Olivenöl
1 TL Salz
1 TL Meersalz
2 Rosmarinzweige
Abrieb 1 Zitrone
12 Cherrytomaten
Etwas Olivenöl zum Bestreichen

Zubereitung

- Die Trockenhefe im warmen Wasser auflösen. Mehl, Olivenöl und Salz hinzufügen und zu einem Teig verarbeiten. Der Teig sollte sehr weich, fast flüssig sein. Zugedeckt an einem warmen Ort 1 Stunde gehen lassen.
- Den Teig nach dem Gehen vorsichtig auf ein mit Backpapier ausgelegtes Blech geben und zu einem Fladen ausrollen oder mit den Händen drücken bzw. ziehen. Den Teig nochmals auf dem Blech 30 Minuten abgedeckt gehen lassen.
- Den Backofen auf 200 °C (Umluft) vorheizen.
- Mit den Fingern kleine Löcher in den Teig drücken. Den Rosmarin abzupfen und auf dem Teig verteilen. Die Cherrytomaten halbieren und ebenfalls verteilen. Den Abrieb der Zitrone darüberstreuen und den Teig mit Olivenöl großzügig einpinseln. Mit etwas Meersalz bestreuen.
- Die Foccaccia ca. 25 Minuten backen, bis sie goldgelb ist.

Menge

für 2 Portionen

Kochzeit

ca. 5 Minuten

ASIATISCHER NUDELSALAT

MIT ERDNUSS-SOßE

Zutaten

200 g Glasnudeln oder Mie-Nudeln
2 Karotten
½ Salatgurke
2 Lauchzwiebeln
4 Stiele Koriander
50 g geröstete Erdnüsse

Für das Dressing

1 EL Limette
2 EL Fischsauce (evtl. vegan)
3 EL Sojasauce
2 EL geröstetes Sesamöl
2 EL Erdnussmus
50 ml Wasser

Zubereitung

- Die Glasnudeln oder Mie-Nudeln wie auf der Verpackung angegeben kochen. Sie sollten bissfest sein.
- Die Karotten in feine Streifen schneiden. Die Gurke von den Kernen befreien und ebenfalls in feine Streifen schneiden. Die Lauchzwiebeln in feine Ringe schneiden.
- Für das Dressing Limettensaft, Fischsauce, Sojasauce, Sesamöl, Erdnussmus und Wasser zusammen mixen. Wenn es zu dickflüssig ist, einfach noch etwas Wasser hinzufügen.
- Das Gemüse zu den Nudeln geben und mit Dressing vermengen. Die Korianderblätter von den Stängeln zupfen und mit den Erdnüssen dem Salat hinzufügen.

Wer eine Extra-Portion Eiweiß für den Salat möchte, kann eine Hühnchenbrust mit Salz, Pfeffer und Paprikapulver einreiben, in etwas Öl anbraten und kleingeschnitten über den Salat geben.

Menge

für 2 Portionen

Kochzeit

ca. 10 Minuten

KICHERERBSEN-
SALAT MIT TAHINI-DRESSING

Zutaten

4 EL Bulgur
230 g Kichererbsen (aus dem Glas)
1 kleine rote Zwiebel
2 Tomaten
½ Gurke
100 g Feta
½ Bund glatte Petersilie
1 Knoblauchzehe
2 EL Olivenöl
1 Zitrone (Saft)
1 EL Tahini (Sesammus)
Salz, Pfeffer

Zubereitung

- Den Bulgur wie auf der Verpackung angegeben kochen.
- Die Kichererbsen abtropfen lassen, gegebenenfalls abspülen, und in eine Schüssel geben.
- Zwiebel, Tomaten und Gurke fein würfeln. Den Feta in kleine Stücke schneiden oder mit den Händen zerbröseln. Die Petersilienblätter von den Stängeln zupfen und grob hacken.
- Für das Dressing 1 Knoblauchzehe klein schneiden (oder pressen) und mit Olivenöl, Zitronensaft, Tahini sowie Salz und Pfeffer vermengen.
- Den noch warmen Bulgur, das Gemüse und den Feta zu den Kichererbsen geben und alles gut miteinander vermischen.

Das Rezept funktioniert übrigens auch wunderbar mit weißen Bohnen statt Kichererbsen. Ich mache mir den Salat auch gern Zuhause zu Mittag und nehme dann noch etwas Thunfisch dazu. Beim Wandern oder Picknicken vermeide ich jedoch alles „Fischige", da es schnell schlecht werden kann.

Menge
für 2 Portionen
Quellzeit
5 Minuten

TIPP: ALTERNATIVEN ZU COUSCOUS

Normalerweise besteht Couscous aus Hartweizengrieß, inzwischen gibt es aber auch viele andere Variationen, z.B. Kichererbsen-Couscous. Der Salat kann auch mit Bulgur oder Quinoa zubereitet werden. Für Wanderungen bevorzuge ich Kichererbsen-Couscous wegen der darin enthaltenen Proteine.

COUSCOUS-SALAT

MIT GRANATAPFEL UND CASHEW

Zutaten

6 EL Couscous
½ TL Koriandersamen, gemahlen
½ TL Kreuzkümmel, gemahlen
1 Prise Zimt
½ Granatapfel
6 Stängel Koriander
50 g Cashewkerne
1 Karotte
½ Gurke
½ Fenchel
2 Tomaten
½ Avocado
1 kleine rote Zwiebel (oder Schalotte)
3 EL Olivenöl
2 EL Zitronensaft
Salz, Pfeffer

Zubereitung

- Couscous in eine Schüssel geben, mit Koriandersamen und Kreuzkümmel sowie Zimt vermengen, und mit heißem Wasser übergießen. Gerade so viel Wasser, dass der Couscous gut bedeckt ist. Den Couscous in der abgedeckten Schüssel ca. 5 Minuten quellen lassen.
- Die Kerne des Granatapfels herauslösen, den Koriander zupfen, die Cashewkerne grob hacken.
- Die Karotte reiben. Gurke, Fenchel, Tomate und Avocado in kleine Stücke schneiden. Die Zwiebel fein schneiden.
- Für das Dressing Olivenöl, Zitronensaft, etwas Salz und Pfeffer mit Knoblauch und Zwiebeln vermengen.
- Wenn der Couscous gequollen ist, das Gemüse, die Granatapfel und Cashewkerne sowie die Korianderblätter hinzufügen und alles gut mit dem Dressing vermengen.

Menge
für 2 Portionen

KAROTTENSALAT
MIT WALNÜSSEN

Zutaten

1 EL Rosinen
2 EL Walnussöl
1 EL Apfelessig
4 Karotten
1 Apfel
50 g Walnüsse

Zubereitung

- Die Rosinen mit Walnussöl und Apfelessig vermengen und kurz darin ziehen lassen.
- Karotten und den Apfel reiben. Walnüsse grob hacken.
- Karotten, Apfel, Walnüsse in einer Schüssel vermengen, mit den eingelegten Rosinen übergießen und alles miteinander vermischen.

Menge

für 2 Portionen

Kochzeit

7–10 Minuten

SALAT

MIT GRÜNEN BOHNEN UND TOMATEN

Zutaten

300 g grüne Bohnen
2 Tomaten
1 Schalotte
½ Bund glatte Petersilie
1 Knoblauchzehe
3 EL Olivenöl
1 EL Kräuteressig
Salz, Pfeffer

Dazu passt

1 gekochtes Ei

Zubereitung

- Die grünen Bohnen blanchieren: zunächst die Enden der Bohnen entfernen und die Bohnen in kleine Stücke schneiden (ca. 3 cm). Anschließend die Bohnenstücke in gesalzenes, kochendes Wasser geben, ca. 7–10 Minuten bissfest kochen und danach in eiskaltem Wasser abschrecken.
- Die Tomaten in Stücke und die Schalotte in feine Ringe schneiden. Die Petersilie zupfen und die Blätter grob hacken.
- Die Knoblauchzehe in feine Würfel schneiden und mit Olivenöl, Essig, Salz und Pfeffer in einer Schüssel zu einer Vinaigrette verarbeiten. Tomaten, Bohnen sowie Petersilie und Schalotte hinzugeben und alles gut miteinander vermengen.

Geschmacklich passt hierzu sehr gut ein gekochtes Ei. Nehmt dies aber getrennt in eurem Rucksack mit und esst es beim Picknick oder in der Pause einfach dazu.

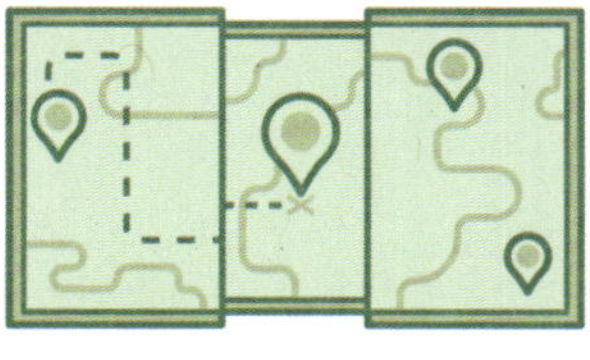

Menge

für 2 Portionen

Ihr braucht

Food Processor oder Pürierstab

TIPP: SUPPENTRANSPORT

Inzwischen gibt es viele Thermobehälter für Suppen und warme Speisen zu kaufen. Gazpacho wird jedoch kalt gegessen und somit könnt ihr sie einfach in ein Schraubglas oder einen anderen Behälter mit gut verschließbarem Deckel geben. An heißen Sommertagen schmeckt er aber besonders gut, wenn ihr ihn gut gekühlt aus dem Thermobehälter genießt.

GAZPACHO

Zutaten

1 Scheibe Toastbrot oder ½ Brötchen (Weizen)
1 rote Paprika
1 gelbe Paprika
1 rote Zwiebel
1 Knoblauchzehe
1 Dose geschälte Tomaten
100 ml Gemüsebrühe
1 El Zitronensaft
1 TL edelsüßes Paprikapulver
Salz, Pfeffer
3 EL Olivenöl

Zubereitung

- Das Toastbrot in Wasser einweichen und anschließend gut ausdrücken.
- Paprika, Zwiebel und Knoblauch in Stücke schneiden.
- Das Gemüse zusammen mit dem Toastbrot, den Tomaten und ihren Saft sowie der Gemüsebrühe in einen Food Processor oder Mixer geben und alles fein pürieren.
- Zum Schluss Zitronensaft, Paprikapulver, Salz, Pfeffer und Olivenöl hinzugeben und alles noch einmal kurz mixen.
- Die Suppe kalt stellen und vor der Abfahrt oder dem Aufbruch zum Wandern in eine Thermoskanne abfüllen, so bleibt sie wunderbar kalt und ist eine perfekte Erfrischung im Sommer. Ein Glas mit Schraubverschluss ist aber ebenso geeignet.

Ich habe eine eigene Thermoskanne für Suppen, denn ich mag weder, dass meine Suppe nach Kaffee oder Tee schmeckt, noch, dass mein Kaffee nach Tomaten und Knoblauch schmeckt.

Menge

für 2 Portionen

Gehzeit

30 Minuten

Ihr braucht

Food Processor oder Pürierstab

PITA

MIT HUMMUS ZUM DIPPEN

Zutaten

1 TL Trockenhefe
100 ml lauwarmes Wasser
150 g Mehl
½ TL Meersalz
2 EL Olivenöl + Olivenöl zum Bestreichen

Für den Hummus

230 g Kichererbsen (aus dem Glas)
2 Knoblauchzehen
2 EL Tahini
1 TL Kreuzkümmel gemahlen
1 TL Salz
1 TL Paprikapulver
½ TL Pfeffer, frisch gemahlen
4 EL Olivenöl
50 ml Wasser
3 EL Zitronensaft

Zubereitung

- Für den Hummus alle Zutaten in einen Mixer oder Food Processor geben und bei höchster Stufe fein pürieren. Der Hummus lässt sich auch mit einem Stabmixer herstellen, wird dann aber nicht ganz so fein.
- Den Hummus in eine verschließbare Schüssel oder ein Schraubglas abfüllen.
- Für die Pita Hefe im lauwarmen Wasser auflösen. Mehl mit Salz mischen und dazugeben. Zu einem Teig verarbeiten. Der Teig ist zunächst ziemlich fest. Nun jedoch das Olivenöl einarbeiten, bis der Teig sich geschmeidig anfühlt.
- Den Teig für eine halbe Stunde an einem warmen Ort gehen lassen.
- Den Teig anschließend in 2 oder 4 Teile schneiden und jeweils ausrollen. Je nachdem wie dick der Fladen wird, ist die Pita: je dicker, desto fluffiger.
- Die Teigfladen mit einer Gabel einstechen und mit etwas Olivenöl bestreichen.
- Eine Pfanne (ohne Öl) erhitzen. Bei mittlerer Temperatur die Pita eine nach der anderen in der Pfanne ausbacken, bis sie goldbraun sind, dabei wenden.

Auch hier lautet meine Devise: Einfach gleich die doppelte oder dreifache Menge herstellen und die fertigen Pitas einfrieren. Diese können dann ganz leicht nach dem Auftauen im Toaster wieder warm gemacht werden.

SÜẞE SNACKS FÜR UNTERWEGS

Menge

für 8 Muffins

Backzeit

25–30 Minuten

Ihr braucht

Muffinform

TIPP: PIMP YOUR SWEETIES

Wenn ihr auf Süßes bei Wanderungen und Fahrradtouren nicht verzichten wollt, dann packt eine Extra-Portion Energie (z.B. durch Nussmus) hinein, nehmt Vollkornmehl und verzichtet auf einen Teil der angegebenen Zuckermenge.

MUFFINS

MIT HIMBEEREN UND WEIẞER SCHOKOLADE

Zutaten

1 Ei
1 Eiweiß
120 g Dinkelmehl
1 TL Backpulver
1 Prise Salz
3 EL Zucker
100 ml Milch
70 g Mandelmus, hell
30 g Butter (weich)
100 g frische Himbeeren
50 g weiße Kuvertüre

Zubereitung

- Das Ei trennen und die beiden Eiweiß steif schlagen.
- Mehl mit Backpulver, einer Prise Salz und Zucker in einer Schüssel mischen. Milch, Eigelb, Mandelmus und Butter hinzufügen und alles miteinander zu einem glatten Teig verrühren. Das Eiweiß vorsichtig unterheben.
- Die Himbeeren waschen, gut abtropfen lassen und mit dem Teig vermengen.
- Eine Muffinbackform etwas einfetten (mit Öl oder Butter) oder kleine Papierförmchen darin verteilen.
- Den Backofen auf 180 °C vorheizen (Umluft).
- Den Teig in die Förmchen geben. Den Teig nicht ganz bis zum Rand auffüllen, damit er beim Backen nicht überläuft.
- Die Muffins ca. 25 bis 30 Minuten backen. Mit einem Stäbchentest prüfen, ob der Teig durchgebacken ist.
- Die Muffins auf einem Gitter auskühlen lassen.
- Die weiße Kuvertüre in einer kleinen Schüssel über einem Wasserbad schmelzen und anschließend die Muffins damit dekorieren.

Menge
für 12 Riegel
Backzeit
20–25 Minuten

MÜSLIRIEGEL
MIT APRIKOSE UND CRANBERRYS

Zutaten
3 EL Kokosfett
½ Vanilleschote
100 g Honig
50 g Aprikosen (getrocknet)
30 g Datteln (getrocknet)
50 g Mandeln
100 g Dinkelflocken
40 g Cranberrys (getrocknet)
20 g Chiasamen
50 g Kakaonibs oder Schokotropfen
1 Prise Meersalz

Zubereitung
- Das Kokosfett in einem kleinen Topf zum Schmelzen bringen. Die Vanilleschote der Länge nach aufschneiden und das Vanillemark zu dem Fett geben.
- Den Topf vom Herd nehmen, leicht abkühlen lassen und vorsichtig den Honig einrühren (wichtig: das Fett darf nicht mehr heiß sein, nur handwarm und flüssig).
- Die Aprikosen und Datteln in kleine Stücke schneiden. Die Mandeln grob hacken.
- In einer Schüssel Dinkelflocken, die getrockneten Früchte, Chiasamen und Schokotropfen miteinander mischen und eine Prise Meersalz hinzufügen. Die Honig-Kokosfett-Mischung darübergeben und alles gut miteinander vermengen.
- Die Müsliriegelmasse auf ein mit Backpapier ausgelegtes Backblech legen, zu einem Rechteck formen und flach drücken. Die Müsliriegelmasse sollte ca. 2 cm dick sein.
- Im vorgeheizten Backofen bei ca. 160 °C (Umluft) ca. 20 bis 25 Minuten backen.
- Nach dem Backen auf einem Gitter auskühlen lassen und in 12 gleich große Riegel schneiden.

Menge

für 12 Riegel

Backzeit

20–25 Minuten

MÜSLIRIEGEL

MIT NÜSSEN UND KERNEN

Zutaten

3 EL Kokosfett
100 g Honig
50 g Haselnüsse
20 g Pistazien
50 g Walnüsse
20 g Sonnenblumenkerne
20 g Kürbiskerne
50 g Feigen
100 g Vollkorn-Haferflocken
20 g Leinsamen
10 g Sesam
1 Prise Meersalz

Zubereitung

- Das Kokosfett mit den Honig vermischen.
- Die Nüsse und Kerne grob hacken. Die Feigen in kleine Stücke schneiden.
- In einer Schüssel Vollkorn-Haferflocken, die Nüsse, Kerne, Feigenstücke, Leinsamen und Sesam miteinander mischen und eine Prise Meersalz darübergeben. Die Kokos-Honig-Mischung darüber geben und alles gut vermengen.
- Die Müsliriegelmasse auf ein mit Backpapier ausgelegtes Backblech legen, zu einem Rechteck formen und flach drücken. Die Müsliriegelmasse sollte ca. 2 cm dick sein.
- Im vorgeheizten Backofen bei ca. 160 °C (Umluft) ca. 20 bis 25 Minuten backen.
- Nach dem Backen auf einem Gitter auskühlen lassen und in 12 gleich große Riegel schneiden.

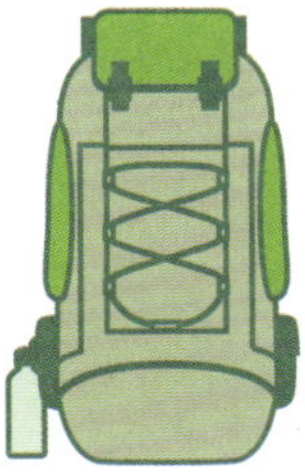

Menge

für ca. 15 Stück

Ruhezeit

30 Minuten

Trockenzeit

über Nacht

ENERGIEBALLS

MIT CASHEW UND MATCHA

Zutaten

40 g Vollkorn-Haferflocken
50 g Cashewkerne
3 getrocknete Feigen
1 TL Matchapulver
1 EL Chiasamen
1 Prise Meersalz
30 g Mandelmus, hell
30 g Ahornsirup
Matchapulver zum Bestäuben

Zubereitung

- Die Vollkorn-Haferflocken wenn möglich in einem Food Processor oder mit einer anderen Küchenmaschine zerkleinern.
- Die Cashewkerne hacken und die Feigen in kleine Stücke schneiden. Je feiner Cashew und Feigen zerkleinert sind, desto besser lassen sich die Energyballs formen.
- In einer Schüssel Vollkorn-Haferflocken, Cashewkerne, Feigen, Matchapulver, Chiasamen und eine Prise Salz vermischen.
- Mandelmus und Ahornsirup hinzugeben und alles gut miteinander verkneten –hier verwendet ihr am besten eure Hände.
- Den Teig ca. eine halbe Stunde an einem warmen Ort ruhen lassen, damit sich die Zutaten gut verbinden und die Haferflocken und Chiasamen etwas quellen können.
- Aus dem Teig kleine Kugeln formen. Auf einem Blech verteilt auslegen und am besten über Nacht ein wenig antrocknen lassen. In etwas Matchapulver wenden und in einer luftdicht verschlossenen Dose aufbewahren.

Wer es feiner möchte, nimmt einen Food Processor oder Mixer und zerkleinert und mixt alle Zutaten miteinander.

Menge

Für 12 Riegel

Ruhezeit

30 Minuten

Trockenzeit

1 Nacht

ENERGIEBALLS

MIT APRIKOSE UND WALNUSS

Zutaten

40 g Dinkelflocken
60 g Walnüsse
50 g getrocknete Aprikosen
1 EL Leinsamen
1 Prise Meersalz
30 g Haselnussmus
30 g Agavendicksaft
Gemahlene Mandeln zum Bestäuben

Zubereitung

- Die Dinkelflocken wenn möglich in einem Food Processor oder mit einer anderen Küchenmaschine zerkleinern.
- Die Walnusskerne hacken und die Aprikosen in kleine Stücke schneiden. Je feiner die Nüsse und das getrocknete Obst zerkleinert wird, desto besser lassen sich die Energyballs formen.
- In einer Schüssel Dinkelflocken, Nüsse, Aprikosen, Leinsamen und eine Prise Salz vermischen.
- Nussmus und Agavendicksaft hinzugeben und alles gut miteinander verkneten – hier verwendet ihr am besten eure Hände.
- Den Teig ca. eine halbe Stunde an einem warmen Ort ruhen lassen, damit sich die Zutaten gut verbinden und etwas quellen können.
- Aus dem Teig kleine Kugeln formen. Auf einem Blech verteilt auslegen und am besten über Nacht ein wenig antrocknen lassen. Gemahlene Mandeln auf einen Teller verteilen und die Kugeln darin wenden. Die Energyballs in einer luftdicht verschlossenen Dose aufbewahren.

Wer es feiner möchte, nimmt einen Food Processor oder Mixer und zerkleinert und mixt alle Zutaten miteinander.

Menge

für 12 Stück

Backzeit

15 Minuten

COOKIES

MIT CRANBERRYS UND ERDNÜSSEN

Zutaten

130 g weiche Butter
80 g Rohrohrzucker
1 Ei
150 g Dinkel-vollkornmehl
½ TL Backpulver
1 Prise Salz
50 g ungesalzene Erdnüsse
50 g getrocknete Cranberrys
70 g Erdnussmus

Zubereitung

- Die Butter mit dem Zucker mit einem Handrührgerät schaumig schlagen. Das Ei hinzufügen und alles gut miteinander mixen.
- Mehl mit Backpulver und einer Prise Salz vermengen und anschließend in die Butter-Zucker-Mischung geben. Alles zusammen zu einem glatten Teig verarbeiten.
- Die Erdnüsse und Cranberrys grob hacken.
- Erdnussmus, Erdnüsse und Cranberrys unter den Teig heben.
- Den Backofen auf 180 °C (Umluft) vorheizen.
- Aus dem Teig 12 gleich große Kugeln formen und auf ein mit Backpapier ausgelegtes Backblech legen.
- Die Cookies ca. 15 Minuten backen.

Menge

?

Gehzeit

1+1½ Stunden

Backzeit

20–25 Minuten

TIPP: CALCIUMQUELLE

Mohn zählt zu den Lebensmitteln, die es am meisten Calcium enthalten. Dieses stärkt ebenso wie das Eisen und das Magnesium im Mohn Knochen und Muskeln.

HEFETEIG-

SCHNECKEN MIT MOHNFÜLLUNG

Zutaten

Für den Hefeteig

20 g frische Hefe
130 ml lauwarme Milch
250 g Dinkelmehl
40 g Zucker
1 Ei
40 g Butter
1 Eigelb zum Bestreichen

Für die Mohnfüllung

50 ml Milch
20 g Butter
40 g Zucker
80 g gemahlener Mohn

Puderzucker zum Bestäuben

Zubereitung

- Für den Hefeteig die frische Hefe in eine Schüssel bröseln und mit der lauwarmen Milch glattrühren. Anschließend Mehl, Zucker, ein Ei und Butter hinzugeben und alles zu einem Teig verkneten.
- Den Hefeteig abgedeckt ca. 1 Stunde gehen lassen.
- Für die Mohnfüllung Milch, Butter und Zucker in einem Topf erwärmen, so dass die Butter darin schmilzt und der Zucker sich nach und nach auflöst.
- Den Mohn hinzugeben und unter ständigem Rühren quellen lassen. Die Masse muss hierfür nicht kochen.
- Die Masse eventuell mit Milch verdünnen, dann abkühlen lassen. Sie soll streichfähig bleiben.
- Den Hefeteig gut durchkneten und flach ausrollen.
- Die Mohnmasse darauf verteilen. Am oberen Rand ca. 3 cm aussparen. Den Teig nun nach oben hin zusammenrollen.
- Die Rolle in 4 cm dicke Stücke schneiden.
- Eine runde Kuchenform einfetten und die Heferollenstücke nebeneinander mit einer runden Seite nach oben in die Kuchenform setzen.
- Die Form mit einem Tuch abdecken und nochmals eine halbe Stunde an einem warmen Ort gehen lassen.
- Den Backofen auf 180 °C vorheizen (Umluft).
- Die Hefestücke mit etwas Eigelb bestreichen. In den Ofen auf mittlerer Schiene ca. 20 bis 25 Minuten backen. Stäbchenprobe machen.
- Die Form aus dem Ofen nehmen und auf einem Gitter abkühlen lassen. Mit Puderzucker bestreuen.

Menge

für ca. 10 Stück

Gehzeit

1 Stunde

NUSS-SCHLEIFEN

MIT ZIMT

Zutaten

Blätterteig

½ Pk. Trockenhefe
120 ml lauwarme Milch
250 g Dinkelvollkornmehl
1 EL Zucker
1 Ei
1 Prise Salz
120 g kalte Butter

Für die Füllung

130 g gemahlene Haselnüsse
70 g gemahlene Walnüsse
80 g Rohrohrzucker
eine Prise Zimt
100 ml Sahne

1 Eigelb zum Bestreichen
Puderzucker zum Bestäuben

Zubereitung

- In einer Schüssel die Trockenhefe in der warmen Milch auflösen. Mehl, Zucker, Ei und Salz hinzugeben und zu einem glatten Teig kneten. Den Teig abgedeckt an einem warmen Ort ca. 1 Stunde gehen lassen.
- Die Butter in feine Scheiben schneiden.
- Den Teig zu einem Rechteck ausrollen (ca. 30 × 30 cm). Auf eine Hälfte die Butterscheiben dicht beieinander auflegen und die andere Hälfte darüberschlagen.
- Den Teig erneut eckig ausrollen, in der Mitte zusammenklappen und wieder Ausrollen. Das Ganze mindestens 5 Mal wiederholen.
- Zum Schluss den Teig zu einem Quadrat von ca. 40 × 40 cm ausrollen.
- Für die Füllung die gemahlenen Nüsse mit dem Zucker, Zimt und der Sahne vermischen.
- Auf eine Hälfte des Teiges nun die Nussfüllung geben und glatt streichen. Die andere Hälfte des Teigs darüberklappen, in 4×20 cm Streifen schneiden, auf 4×10 cm halbieren.
- In der Mitte jedes Teigstreifens mit einem Messer einen 5 cm großen Schlitz schneiden und jeweils ein Ende vorsichtig hindurchziehen.
- Die Nussstreifen auf ein mit Backpapier ausgelegtes Backblech legen und mit etwas Eigelb bestreichen.
- Den Backofen auf 180 °C vorheizen (Umluft) und die Nussschleifen ca. 15 bis 20 Minuten goldbraun backen.
- Mit Puderzucker nach dem Abkühlen bestäuben.

Wem das Anfertigen von Blätterteig zu aufwändig ist, der kann auch guten Gewissens auf fertigen Blätterteig aus dem Kühlregal zurückgreifen.

Menge

ein kleines Kuchenblech

Kochzeit

20–40 Minuten

Backzeit

35–40 Minuten

ROTE-BETE-

SCHOKO-BROWNIES

Zutaten

300 g Rote Bete
5 Eier
Salz
200 g Kuvertüre, zartbitter
200 g Butter
100 g Rohrohrzucker
130 g Dinkel-vollkornmehl
1 TL Backpulver
3 EL Kakao
4 EL Espresso (doppelter Espresso)

Zubereitung

- Die Rote Bete in kochendes Wasser geben und weichkochen. Je nach Größe der Knolle kann dies zwischen 20 und 40 Minuten dauern. Die Bete abkühlen lassen und schälen. Anschließend die Bete fein reiben oder in einem Mixer pürieren.
- Die Eier trennen und das Eiweiß mit einer Prise Salz steif schlagen.
- Die Kuvertüre in einer Schüssel über einem Wasserbad schmelzen. Die Butter hinzugeben und glattrühren.
- Das Eigelb mit dem Zucker schaumig schlagen. Die flüssige Kuvertüre-Butter-Mischung vorsichtig und in kleinen Portionen hinzugeben und alles gut mit einem Handrührgerät vermengen.
- Mehl und Backpulver sowie das Kakaopulver miteinander vermengen und zu der Schoko-Ei-Mischung hinzugeben. Alles zu einem glatten Teig verrühren. Anschließend die Rote Bete und den Espresso unterrühren. Zum Schluss vorsichtig das steif geschlagene Eiweiß unterheben.
- Den Backofen auf 160 °C (Umluft) vorheizen.
- Den Teig in eine gefettete Form (30 × 30 cm oder ein kleines Kuchenblech) geben und 35 bis 40 Minuten backen. Mit der Stäbchenprobe prüfen, ob der Teig durchgebacken ist.

Wenn der Kuchen frisch aus dem Ofen kommt, ist er noch sehr locker. Nach 1 Tag setzt sich der Kuchen etwas durch die Feuchtigkeit der Roten Bete und wird noch saftiger – ein Kuchen, der von Tag zu Tag besser wird.

Menge

für 8 Stück

Backzeit

20 Minuten

BLÄTTERTEIG-

TASCHEN MIT QUARK UND ERDBEEREN

Zutaten

1 Rolle Blätterteig (TK)
250 g Magerquark oder Proteinquark
1 Pk. Vanillezucker
1 Eigelb
1 EL Speisestärke
1 TL Zitronensaft
200 g Erdbeeren
1 Eiweiß zum Bestreichen
Puderzucker zum Bestäuben

Zubereitung

- Den Blätterteig ausrollen und in 8 gleich große Stücke schneiden.
- In einer Schüssel Quark, mit Vanillezucker, Eigelb, Speisestärke und Zitronensaft zu einer glatten Masse verrühren.
- Die Erdbeeren waschen, abtrocknen und in Scheiben schneiden.
- In die Mitte der Blätterteigstücke jeweils 1 EL Quarkfüllung geben und einige Erdbeerscheiben darauflegen. Die Ränder des Blätterteigs sollten frei bleiben.
- Bei Falten der Blätterteigtaschen ist nun Kreativität gefragt: ob Windmühlen, Taschen mit eingeschnittenen Muster auf der Oberseite oder Dreiecke — probiert euch einfach aus.
- Die Blätterteigtaschen mit Eiweiß bestreichen.
- Den Backofen auf 160 °C vorheizen (Umluft) und die Blätterteigtaschen darin für ca. 20 Minuten goldbraun backen.
- Nach dem Auskühlen können sie noch mit Puderzucker bestäubt werden.

KOCHEN AUF MEHRTÄGIGEN WANDERUNGEN

WIE KANN ICH MICH BEIM FERN-WANDERN GUT VERSORGEN?

Beim Fernwandern oder auch Trekking ist die größte Herausforderung, ausreichend versorgt zu sein, um die körperliche Anstrengung gut zu meistern. Hier nicht zu viel Lebensmittel im Gepäck zu haben wegen der Traglast, aber auch nicht zu wenig, damit Körper und Geist gut mit Nahrung versorgt sind, ist besonders beim ersten Mal schwierig einzuschätzen. Des Weiteren sollten abwechslungs- und nährstoffreiche Lebensmittel eingepackt werden.

Um die Traglast zu reduzieren, nehmt leichte Lebensmittel wie Nudeln, getrocknetes Obst und Gemüse mit. Versucht, überflüssige Verpackungsmaterialien oder schwere Vorratsbehälter zu vermeiden, und packt um oder zusammen. Ich verwende gerne kleine Zipperbeutel, die man immer wieder verwenden kann, um darin meine Gewürze bereits als fertige Mischung zu transportieren. Für Salz oder Gewürzmischungen eignen sich auch gut die Kapseln aus den Überraschungseiern. Und wer Gewürze als umständliche „Extra-Last“ empfindet, kann auch auf Brühwürfel setzen — die bringen in fast jedes Essen gut Geschmack und sind klein und praktisch zu verstauen.

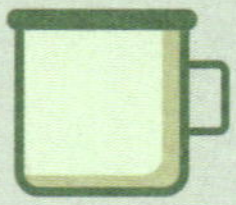

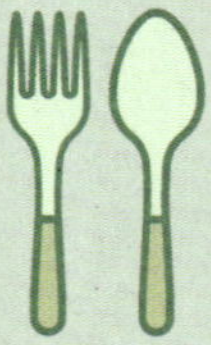

Besonders einfach sind One-Pot-Gerichte, die durch *passive cooking* zudem nur wenig Energie benötigen. Ihr könnt hierfür schon die perfekte Menge an Nudeln oder Reis und Gewürzen abfüllen, so dass ihr beim Zubereiten dann alles nur noch mit Wasser auffüllen und kochen lassen müsst.

Nehmt am besten Vollkornnudeln und Vollkornreis mit. Die machen nicht nur lange satt und sind nährstoffreich, sondern ihr braucht aufgrund der hohen Sättigung auch weniger Masse.

Wer auf Nummer sicher gehen möchte, kann auch gefriergetrocknete Fertigmischungen im Outdoor-Fachgeschäft kaufen, hier sind auf den Verpackungen dann auch die Nährstoffe und die Energiezufuhr genau aufgeführt. Da gibt es von Pasta über Fischgerichte für jeden Geschmack etwas.

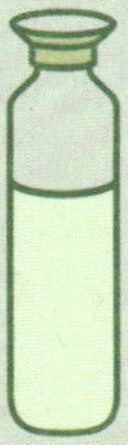

Wenn ihr fertig verpackte Lebensmittel wie Tomatenmark mitnehmt, dann versucht, kleine Abpackungen zu kaufen, und überlegt euch schon beim Einkauf, ob die Verpackung praktisch ist (leicht, vielleicht faltbar, wenn Lebensmittel aufgebraucht sind) und nicht zu viel Raum im Rucksack beansprucht.

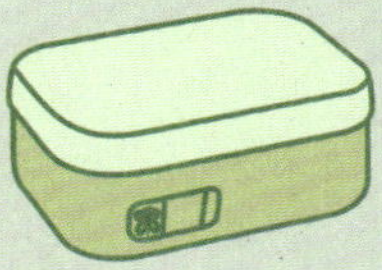

Und auch an genügend Wasser und Flüssigkeit zu denken ist gar nicht so einfach. Daher erkundigt euch vorher, ob es unterwegs Möglichkeiten gibt, wo ihr eure Wasservorräte auffüllen und entsprechend nachtanken könnt. Bedenkt auch, dass ihr zum Kochen Wasser benötigt und dies extra mitgenommen werden muss.

Solltet ihr unsicher sein, wie viele Lebensmittel ihr auf eurem Weg benötigt, gibt es viele Seiten im Web, die euch Ratschläge geben, wie euer Speiseplan aussehen kann, damit ihr für eure Tour den perfekten Kalorienbedarf ermittelt und als Vorrat einpackt.

IDEEN FÜR LEICHTE UND NÄHRSTOFFREICHE LEBENSMITTEL BEIM FERNWANDERN

Egal was ihr einpackt — es sollte gut haltbar, wärme- oder kälteresistent sowie leicht zu tragen sein.

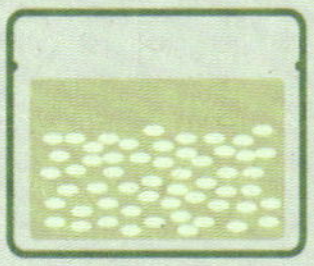

Getreide und Hülsenfrüchte

Gelbe und rote Linsen
(Kichererbsen-)Couscous
Quinoa
Polenta
Buchweizen
Vollkorn- oder Dinkelhaferflocken
(Vollkorn-)Pasta
(Vollkorn-)Reis

Getrocknetes Gemüse, Obst und Nüsse

Pilze
Tomaten
Karotten
Zwiebeln
Paprika
Auberginen
Knoblauch
Ingwer
Nori-Algen
Bananenchips
Erdnüsse
Cashew
Walnüsse
Haselnüsse
Mandeln
Kürbiskerne

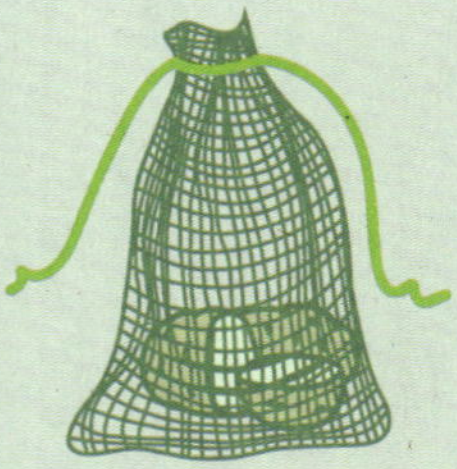

Konserven und Convenience Food

Tomatenmark
Sojagranulat
Trockenfleisch

Gemüse und Obst lässt sich wunderbar zu Hause trocknen und muss nicht unbedingt im Reformhaus oder (Bio-)Supermarkt gekauft werden. Gemüse und Obst in feine Scheiben schneiden. Anschließend das Gemüse für 3 Minuten blanchieren, abschrecken und nach dem Abtropfen gut abtrocknen.

Die Gemüse- und Obstscheiben können im Dörrautomat nach Anleitung getrocknet werden oder im Backofen bei niedriger Temperatur trocknen. Dies ist jedoch sehr energieintensiv, denn damit das Gemüse und Obst ausreichend gut getrocknet wird, muss es mindestens 8 Stunden bei 50 bis max. 80 °C im Backofen bleiben.

Am umweltschonendsten ist es, das Gemüse und Obst einfach im Sommer an der frischen Luft in der Sonne zu trocknen. So könnt ihr Vorräte für das ganze Jahr anlegen. Entweder auf Schnüre fädeln und aufhängen (die Scheiben dürfen dabei nicht aneinanderkleben) oder flach auslegen. Alles mit einem Netz bedecken, so dass keine Insekten oder andere Tiere eure Leckereien räubern.

Das getrocknete Gemüse und Obst luftdicht und dunkel aufbewahren.

DANK „NATÜRLICHER NAVIGATION“ IN DIE RICHTIGE RICHTUNG LAUFEN

Natürliche Navigation bedeutet, dass ihr euch auch ohne Smartphone und Kompass sicher im Gelände bewegen könnt und an euer Ziel kommt.

Hierfür kann man den Stand der Sonne, Moose an Bäumen oder den Verlauf der Sterne nutzen. Schließlich kennt jeder von uns noch den Leitspruch aus der Grundschule: „Im Osten geht die Sonne auf, im Süden nimmt sie ihren Lauf, im Norden ist sie nie zu seh'n, im Westen will sie untergehn.«

Aber auch Flechten und Moose an Bäumen geben still Auskunft über die Himmelsrichtungen — Goldflechten wachsen eher auf der Südseite, während Moose es schattig und feucht mögen und uns den Weg Richtung Norden zeigen.

Auch Ameisen können uns den Weg zeigen. Sie lieben es warm und mögen die Sonne, so dass ihre Hügel meistens an der Südseite eines Baumes aufgebaut sind.

Nachts zeigt uns vor allem der Polarstern, wo wir uns befinden. Der Polarstern wird auch Nordstern genannt, weil er immer im Norden steht. Er befindet sich in unmittelbarer Nähe zum Sternenbild des Großen Wagen. Nimm die beiden Sterne der hinteren Achse und ziehe eine imaginäre Linie, die das fünffache der Distanz zwischen diesen beiden Sternen misst. Am Ende dieser Linie erkennst du den Polarstern am

Himmel. Diese Methode half schon Seefahrern vor langer Zeit.

Aber auch ohne Polarstern kannst du dich nachts an den Sternen orientieren. Suche dir einen fixen Punkt wie eine Baumkrone am Nachthimmel und einen unmittelbar daneben erscheinenden Stern. Jetzt heißt es warten.

Bewegt sich der Stern nach oben, bist du nach Osten ausgerichtet. Bewegt er sich nach unten, bist du nach Westen ausgerichtet. Bewegt sich der Stern nach links, bist du nach Norden ausgerichtet, bewegt er sich nach rechts, bist du nach Westen ausgerichtet.

Es gibt noch unzählige weitere Methoden, anhand deren du dich bei Tag und Nacht dank der Natur sicher und zielgenau bewegen kannst. Probiere es doch einfach im Alltag der Stadt einmal aus, bevor du vielleicht in einem Notfall auf die natürliche Navigation in der freien Natur angewiesen bist.

Menge

für 2 Portionen

Kochzeit

2+3+10 (+15) Minuten

Ihr braucht

Campingkocher, Topf

TIPP: LINSEN STATT SOJA

Ich verzichte bei Chili sin Carne auf Ersatzprodukte wie Sojageschnetzeltes und setze ganz auf Hülsenfrüchte. Hackfleisch wird so durch rote Linsen ersetzt. Besonders unterwegs sind rote Linsen sehr gut geeignet, weil sie schnell gar sind und wichtige Kohlenhydrate enthalten, die uns fit für den nächsten Tag machen. Getrocknet sind sie außerdem schön leicht.

CHILI SIN CARNE

Zutaten

2 TL Gemüsebrühe (Pulver)
½ TL Chiliflocken
½ TL Salz
½ TL gemahlener Pfeffer
½ TL Paprikapulver
1 Prise Zimt
1 Zwiebel
1 Knoblauchzehe
1 l Wasser (4 El + Rest)
1 Paprika
1 kleine Dose Kidneybohnen
1 kleine Dose Mais
150 g rote Linsen

Zubereitung

- Bereits zuhause in einer kleinen Dose oder einem kleinen Tütchen die Gewürzpulver mit dem Brühpulver und dem Salz abfüllen und mischen.
- Zwiebel, Knoblauch und Paprika klein schneiden. Zwiebeln und Knoblauch andünsten. Da kein Öl auf der Packliste steht, 4 EL Wasser zum Andünsten verwenden. Die Gewürze hinzufügen und alles zusammen 2 Minuten köcheln lassen.
- Kleingeschnittene Paprika, Mais und Kidneybohnen hinzufügen.
- Wasser und Linsen hinzufügen und aufkochen. 3 Minuten kochen lassen, umrühren, dann den Topf abdecken, weitere 10 Minuten bei kleiner Flamme erhitzen, nochmals umrühren, und abgedeckt 15 Minuten ohne Hitze ziehen lassen. Deckel am besten in dieser Zeit nicht öffnen, damit keine Wärme entweichen kann ***(passive cooking).***
- Vor dem Servieren noch mal umrühren.

Wenn kein Platz mehr im Rucksack ist, tausche ich das frische Gemüse gegen getrocknetes Pulver aus, statt der Zwiebel 1 TL Zwiebelpulver, statt Knoblauch und Chilischote jeweils ½ TL Gewürzpulver – alles zusammen bereits gemixt in eine kleine Dose oder in ein Tütchen abgefüllt.

Menge

für 2 Portionen

Kochzeit

15 Minuten

Ziehzeit

5 Minuten

Ihr braucht

Campingkocher, Topf

TIPP: FAUSTREGEL FÜR ONE POT PASTA

Für eigene One-Pot-Kreationen gibt es eine kleine Faustregel: Pasta und Wasser im Verhältnis 1:3, das heißt: 300 ml Wasser auf 100 g Pasta. So klappt es (fast) immer.

ONE POT PASTA

MIT GETROCKNETEM GEMÜSE

Zutaten

250 g Pasta
750 ml Wasser
2 EL Tomatenmark
Salz, Pfeffer

Getrocknetes Gemüse, z.B.

1 EL Paprika
1 EL Zucchini
1 EL Aubergine
1 EL Champignons
1 EL Karotten

Zubereitung

- Alle Zutaten in einen Topf geben.
- Zum Kochen bringen und dann je nach Hitze ca. 15 Minuten leicht köcheln und regelmäßig umrühren.
- Wenn die Kochflüssigkeit noch ca. 2 cm hoch im Topf steht, den Topf vom Kocher oder Feuer nehmen und noch ca. 5 Minuten bei geschlossenem Deckel ziehen lassen.

MIT SOGENANNTEM „PASSIVE COOKING“ ENERGIE SPAREN

Der Trend des Passivkochens ist in der aktuellen Energiekrise wieder aufgekommen. Besonders in Italien hat es ganze Familien regelrecht „gespalten“ — darf man Pasta garen ohne direktes Kochen?

Die Methode ist aber schon weitaus älter. Seit dem 19. Jahrhundert wird passives Kochen angewandt und kann Energie und Emissionen sparen, wenn man ein paar kleine Grundregeln beachtet. Besonders beim Fernwandern und Trekking ist diese Methode zu empfehlen, denn sie spart auch unnötiges Gepäck (Brennpaste, Spiritus oder Gas).

Zunächst wird alles so wie immer zubereitet. Ihr bringt Wasser zum Kochen, salzt dieses und gebt die Pasta hinzu. Alles wird erst wenige Minuten gekocht, dann kommt ein Deckel drauf, und dann heißt es warten. Jetzt darf man nicht ungeduldig werden, denn selbstverständlich kommt es auf die richtige Garzeit an, und der Deckel darf nicht allzu oft gelüftet werden, um den Zustand von Pasta zu prüfen, weil sonst wichtige Energie verloren geht.

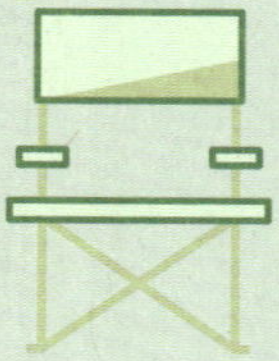

Die Faustformel für das Kochen von Pasta nach dieser Methode ist ungefähr 1:2 — eine Pasta mit 6 Minuten Kochzeit kocht 2 Minuten und zieht 4 Minuten ohne Wärmezufuhr. Dann sind sie wunderbar al dente. Bei Minutenangaben, die sich nicht so gut teilen lassen, einfach die passive Zeit erhöhen, z.B. bei 10 Minuten Kochzeit auf der Packung lasst ihr die Pasta 3 Minuten kochen, deckt sie ab und lasst sie 7 Minuten ziehen.

Sollte euch die Pasta dennoch zu bissfest sein, einfach Deckel wieder drauf und weitere 2 bis 3 Minuten warten.

Menge

für 2 Portionen

Kochzeit

15–30 Minuten

Ziehzeit

5 Minuten

Ihr braucht

Campingkocher, Topf, Becher o.ä.

RISOTTO

MIT WILDKRÄUTERN

Zutaten

450 ml heißes Wasser
1 Würfel Bio-Gemüsebrühe
1 Zwiebel
150 g Risottoreis
Salz, Pfeffer

Wildkräuter, z.B.

2 Stängel Thymian
2 Löwenzahnblätter
3 Stängel Giersch
2 Blätter Bärlauch

Zum Garnieren

Gänseblümchen

Zubereitung

- Wasser erhitzen und in einen Becher oder anderes Gefäß füllen. Den Brühwürfel darin auflösen.
- Kräuter zupfen. Zwiebel und Kräuter klein schneiden.
- In einem Topf mit 3 EL Wasser die Zwiebelwürfel anschwitzen (wer Öl in seinem Wanderrucksack parat hat, kann auch Öl verwenden, aber um Gepäck zu sparen, funktioniert es auch mit Wasser).
- Reis einrühren und leicht anrösten (darf nicht braun werden).
- Zuerst die Wildkräuter unterrühren und direkt mit der Hälfte der Gemüsebrühe aufgießen. Immer wieder umrühren.
- Nach und nach immer wieder Gemüsebrühe hinzugeben, bis der Reis bissfest ist und eine cremige Konsistenz entsteht.
- Den Kocher schließen oder den Topf vom Feuer nehmen und das Risotto noch 5 Minuten ziehen lassen. Zum Schluss mit Pfeffer und Salz abschmecken.

Menge
für 2 Portionen
Kochzeit
15–30 Minuten
Ziehzeit
5 Minuten
Ihr braucht
Campingkocher, Topf, Becher o.ä.

TIPP: NATÜRLICHER GESCHMACKVERSTÄRKER

Frische Pilze aus dem Wald haben einfach ein unfassbar gutes Aroma, so dass es nicht viel braucht, um daraus ein Geschmackserlebnis zu machen. Daher eignet sich dieses Rezept auch gut für ein Abendessen im Freien, weil man nicht viele Zutaten mitnehmen braucht. Getrocknete Pilze lassen sich leicht transportieren und geben ebenfalls ein tolles Aroma.

RISOTTO

MIT (GESAMMELTEN) PILZEN

Zutaten

450 ml Wasser
1 Würfel Bio-Gemüsebrühe
Die Pilze, die ihr gefunden habt, ca. 1–2 Handvoll reichen aus
1 Zwiebel
1 Knoblauchzehe
150 g Risottoreis
Salz, Pfeffer

Zubereitung

- Wasser erhitzen und in einen Becher oder anderes Gefäß füllen. Den Brühwürfel darin auflösen.
- Pilze putzen. Zwiebel, Knoblauch sowie Pilze klein schneiden und in einem Topf mit 3 EL Wasser anschwitzen (wer Öl in seinem Wanderrucksack parat hat, kann auch Öl verwenden, aber um Gepäck zu sparen, funktioniert es auch mit Wasser).
- Reis einrühren und leicht anrösten (darf nicht braun werden).
- Mit der Hälfte der Gemüsebrühe aufgießen. Immer wieder umrühren.
- Nach und nach immer wieder Gemüsebrühe hinzugeben, bis der Reis bissfest ist und eine cremige Konsistenz entsteht.
- Den Kocher schließen oder den Topf vom Feuer nehmen und das Risotto noch 5 Minuten ziehen lassen. Zum Schluss mit Pfeffer und Salz abschmecken.

Das Rezept funktioniert auch als One-Pot-Pasta, wenn ihr 250 g Nudeln und 750 ml Wasser verwendet.

Menge

für 2 Portionen

Kochzeit

Chutney: 15+10 Minuten

Kartoffeln: 15+15 Minuten

Ihr braucht

Lagerfeuer

Alufolie o.ä.

TIPP: ALTERNATIVE FÜR ALUFOLIE

Kocht die Kartoffeln am besten zu Hause etwas vor, so dass sie nicht zu lange im Lagerfeuer brauchen. Wer auf Alufolie verzichten möchte, kann auch Bananen oder Maisblätter nehmen, die man im Bio oder AsiaSupermarkt als Alternative angeboten bekommt.

KARTOFFELN

IM FEUER MIT GEMÜSE-CHUTNEY

Zutaten

4 Kartoffeln

Für das Chutney

1 rote Spitzpaprika
½ Zucchini
½ Aubergine
1 rote Chilischote
1 säuerlicher Apfel
2 Zwiebeln
1 Knoblauchzehe
1 TL Senfsamen (hell)
1 TL geräuchertes Paprikapulver
120 ml Apfelessig
100 g Rohrohrzucker
½ TL Salz

Zubereitung

- Bereits zu Hause die Kartoffeln etwa 10 bis 15 Minuten vorkochen und sie in Alufolie oder Bananenblätter einschlagen.
- Für das Chutney Paprika, Zucchini, Aubergine, Chilischote, Apfel, Zwiebeln und Knoblauch fein würfeln.
- Senfsamen in einem Mörser grob zerstoßen.
- Zwiebeln, Chilischote und Knoblauch in einem Topf anschwitzen. Paprikapulver und Senfsamen hinzufügen.
- Apfelessig und Zucker in einem weiteren Topf erhitzen, bis sich der Zucker gelöst hat.
- Die Apfelessig-Zucker-Mischung zum Ablöschen über die Zwiebeln geben.
- Das restliche Gemüse und den Apfel in den Topf geben und alles miteinander verrühren. Salz hinzufügen. Bei geschlossenem Deckel ca. 15 Minuten köcheln lassen.
- Die Chutney-Mischung bei starker Hitze ohne Deckel und unter gelegentlichen Rühren weitere 10 Minuten einkochen lassen. Das Chutney sollte dickflüssig sein.
- Das Chutney in ein wieder verschließbares Glas oder eine Schüssel mit gut verschließbarem Deckel abfüllen und am besten über Nacht ziehen lassen.
- Vor Ort die Kartoffeln für weitere 10 bis 15 Minuten ins Feuer legen — je nach Vorgaren und Temperatur — bis sie innen weich sind.
- Die Kartoffeln längs aufschneiden und ca. 1 EL Chutney hinzugeben.

WILDKRÄUTER & WILDPFLANZEN

Besonders im Frühling kann man viele essbare Wildpflanzen und Wildkräuter in den Bergen finden und – wenn es sich nicht um ein Naturschutzgebiet handelt – auch sammeln. Bitte denkt aber immer daran, dass ihr nur so viel mitnehmt, wie ihr auch unmittelbar essen könnt (als Maß gelten 1 bis 2 Handvoll). Bitte sammelt auch nur das, was ihr ganz sicher erkennt und von dem ihr sicher seid, dass ihr nicht allergisch seid.

Alpenwegerich

So wie Spitz und Breitwegerich essbare Wildkräuter sind, gibt es in den Bergen den so genannten Alpenwegerich. Er hilft bei Husten und ist antibakteriell und entzündungshemmend. Auch bei Magenentzündungen und Verstopfung kann er helfen. Sowohl Blätter als auch die Samen und Wurzeln kann man verzehren.

Langhaariger Thymian

Der langhaarige Thymian, auch Gebirgsthymian genannt, wächst im alpinen Raum Süd- und Mitteleuropas. Blüten trägt der Zwergstrauch von Mai bis September. Thymian gilt als blutstillend und krampflösend bei Husten und Entzündungen in Hals und Rachen. Die Blüten kann man wunderbar fast jeder Speise beifügen oder als Tee aufgießen.

Rotklee

Rotklee wächst (fast) überall, auf allen Wiesen von Mai bis September. Man kann ihn als Tee trinken oder die Blüten Salat oder Kräuterquark zum Garnieren beizufügen. Der Klee enthält besonders viele Vitamine, Magnesium und Calcium. Er hilft bei Verstopfung, Appetitlosigkeit sowie — so die neueste Erkenntnis — bei Wechseljahren und Hitzewallungen.

Löwenzahn

Vom Löwenzahn kann man sowohl die Blüten als auch die Blätter essen. Beides kann man im Salat essen oder einem Risotto beifügen, Löwenzahn lässt sich aber auch gut als Tee aufgießen und hilft bei Verdauungsproblemen und Blähungen.

Gänseblümchen

Ebenso wie Löwenzahn findet man Gänseblümchen auf allen Wiesen. Die Blüten sind besonders schmackhaft und sehen fantastisch aus auf einem Brot mit Frischkäse oder Kräuterquark oder im Salat. Gänseblümchen helfen der Verdauung und wirken auch bei Husten krampfstillend.

Alpen-Frauenmantel

In den Alpen an den Hanglagen und auf Wiesen gibt es auch den Alpen-Frauenmantel, dessen Blätter und Blüten essbar sind. Beides kann man beim Kochen hinzugeben oder die Blüten frisch aufs Brot oder im Salat essen. Frauenmantel hilft als Tee bei Erkältungen und Darmbeschwerden wie Durchfall.

Wilder Majoran

auch Dost oder Oregano genannt. Er schmeckt super in Suppen und Pasta-Gerichten. Er wächst im Gebirge an sonnigen Waldrändern. Die Blüten kann man auch frisch essen, und sie können von Juni bis September gesammelt werden. Die Wildpflanze wirkt als Tee antiviral bei Erkältungen und bei Verdauungsproblemen.

Bergminze

Bergminze eignet sich frisch als Dekoration in süßen Speisen oder als Tee. Sie zaubert auch ein wunderbares Aroma in kalte Getränke, und ihre ätherischen Öle wirken antibakteriell und lindern Krämpfe. Sie ist vor allem im alpinen Raum Mittel- und Südeuropas zu finden.

Arnika

Auch wenn dieser Korbblütler ein echtes Allround-Wunder bei inneren und äußeren Beschwerden ist, so kann diese Pflanze zu schlimmen allergischen Reaktionen, Herzrhythmusstörungen und Verdauungsproblemen führen. Die Pflanze blüht im Juli und August in den Bergen. Arnika steht außerdem unter Naturschutz. Also besser nicht pflücken!

WÄRMENDES FÜR UNTERWEGS

Menge

für 1 Liter

Kochzeit

15 Minuten

Ihr braucht

eine Thermoskanne

TIPP: ALTERNATIVE GETRÄNKE

Es muss nicht immer Kaffee oder Tee sein, wenn ihr Wärmendes für unterwegs mitnehmt. Ein Punsch mit Gewürzen wärmt an kalten oder regnerischen Tagen von innen und gibt zudem Energie.

HEIßER PUNSCH

MIT ORANGE UND ANIS

Zutaten

½ Apfel
½ Orangen
½ Zitrone
1 l roter Traubensaft
3 Sternanis
1 Zimtstange
2 Nelken
4 Scheiben Ingwer

Zubereitung

- Apfel, Orange und Zitrone in Scheiben schneiden.
- Den Traubensaft mit den Gewürzen für ca. 15 Minuten erhitzen. Der Punsch darf nicht kochen, sondern nur simmern.
- Den Punsch durch ein Sieb in eine Thermoskanne abfüllen.

Der Traubensaft kann auch gut durch Apfelsaft ersetzt werden. Der Punsch eignet sich hervorragend für Jung und Alt, weil er keinen Alkohol enthält.

Menge
Für 4 Portionen
Kochzeit
10 + 25 Minuten

Ihr braucht
Pürierstab oder Food Processor, Thermoskanne

TOMATEN-PAPRIKA-SÜPPCHEN MIT BASILIKUM

Zutaten

1 Karotte
¼ Sellerieknolle
1 Zwiebel
½ Stange Lauch
1 Knoblauchzehe
3 EL Olivenöl
1 TL Paprikapulver
Salz, Pfeffer
750 ml Wasser
2 rote Paprika
1 Dose geschälte Tomaten

2 Stängel Basilikum
½ TL Oregano, gerebelt

Dazu passt

½ Chilischote

Zubereitung

- Karotte, Sellerie, Zwiebel, Lauch und Knoblauch in kleine Stücken schneiden. Wer sein Essen schärfer mag, kann auch ½ Chilischote klein schneiden und hinzufügen.
- Olivenöl in einem Topf erhitzen und das kleingeschnittene Gemüse zusammen darin andünsten. Bereits das Paprikapulver, Salz und Pfeffer hinzugeben. Das Gemüse sollte nicht anbrennen, daher ab und zu umrühren.
- Mit dem Wasser ablöschen und 10 Minuten kochen.
- Währenddessen die Paprika und die geschälten Tomaten kleinschneiden. Den Saft der Tomaten auffangen.
- In den Topf nun noch die Paprika und die Tomaten mit ihrem Saft geben, den Oregano sowie die Basilikumzweige hinzufügen und bei geschlossenem Deckel ca. 25 Minuten bei niedriger Temperatur köcheln lassen.
- Zum Schluss alles in den Mixer oder Food Processor geben oder mit einem Pürierstab fein pürieren. Die Suppe sollte nicht zu dickflüssig werden, gegebenenfalls noch einmal einen Schluss Wasser hinzugeben und umrühren.
- Die Suppe noch heiß in einem Thermobehälter abfüllen.

Ich fülle sie meistens heiß in meine „Suppen"-Thermoskanne (eine eigene Thermoskanne für herzhafte Suppen, denn wer mag schon, dass die Suppe nach Kaffee schmeckt?) und genieße sie unterwegs einfach aus einer Tasse.

Menge
für 4 Portionen

Gehzeit
30 Minuten

Backzeit
12–15 Minuten

Kochzeit
35–40 Minuten

KÜRBISSUPPE

MIT THYMIAN-STÄNGLI

Zutaten

½ Hokkaidokürbis
2 Kartoffeln, mehlig kochend
1 Karotte
¼ Sellerieknolle
½ Stange Lauch
1 Zwiebel
1 Knoblauchzehe
20 g Ingwer
3 EL Olivenöl
1 l Wasser
1 TL Paprikapulver
½ TL Kreuzkümmel, gemahlen
½ TL Kurkuma, gemahlen
Salz, Pfeffer
50 ml (vegane) Sahne

Für die Stängli

½ Pk. Trockenhefe
100 ml warmes Wasser
200 g Dinkelmehl
½ TL Salz
1 EL Thymian, gerebelt
80 g weiche Butter
1 Eigelb zum Bestreichen

Zubereitung

- Für die Thymian-Stängli Hefe in lauwarmen Wasser auflösen. Mehl und Salz hinzugeben und alles zu einem Teig verkneten.
- Den Teig 30 Minuten ruhen lassen.
- Auf einer bemehlten Arbeitsfläche den Teig quadratisch ausrollen (ca. 30 × 30 cm). Auf eine Hälfte die weiche Butter streichen und den Thymian verteilen. Die andere Hälfte darüber klappen. Den Teig nochmals quer in der Mitte zusammenklappen und erneut ausrollen; drei- bis viermal wiederholen.
- Den Teig wieder auf eine Fläche von ca. 30 × 30 cm ausrollen, in der Mitte einmal durchschneiden und von den Hälften einzelne Streifen abschneiden.
- Die Teigstreifen zweimal verdrehen und auf ein mit Backpapier ausgelegtes Backblech legen.
- Mit Eigelb bestreichen. Den Backofen auf 180 °C (Umluft) vorheizen und die Stängli ca. 12 bis 15 Minuten goldbraun backen.
- Für die Kürbissuppe das Gemüse sowie den Knoblauch und Ingwer klein schneiden.
- Olivenöl in einem Topf erhitzen. Zwiebeln, Ingwer und Knoblauch anschwitzen, die Gewürzpulver, Salz und Pfeffer hinzufügen und alles 2 Minuten unter Rühren weiter anschwitzen.
- Das kleingeschnittene Gemüse hinzugeben, kurz unterrühren und mit Wasser ablöschen.
- Die Suppe ca. 35 bis 40 Minuten bei niedriger Temperatur köcheln lassen.
- Zum Schluss alles in den Mixer oder Food Processor geben oder mit einem Pürierstab fein pürieren.

Menge

Für 2 Portionen

Kochzeit

45 Minuten

Gehzeit

30 Minuten

Ihr braucht

Thermosbehälter

ROTE-LINSEN-DAL

MIT CHAPATI

Zutaten

1 EL Ghee (Butterschmalz)
1 rote Zwiebeln
1 Knoblauchzehe
20 g Ingwer
½ TL Koriandersamen
½ TL Fenchelsamen
½ TL Kurkuma, gemahlen
1 TL Garam Masala
1 TL Paprikapulver
1 TL Kreuzkümmel, gemahlen
100 ml Kokosmilch
300 ml Gemüsebrühe
3 Tomaten
100 g rote Linsen
5 Stängel Koriander
2 EL Limettensaft
Pfeffer, Salz

Für die Chapati (6 Stück)

150 g Chapati Mehl
½ TL Salz
100 ml Wasser
1 EL Sonnenblumenöl
2 EL Ghee

Zubereitung

- 1 EL Ghee in einen Topf geben. Zwiebel und Knoblauch klein schneiden und darin andünsten.
- Fenchelsamen und Koriandersamen in einem Mörser zerkleinern. Den Ingwer reiben. Ingwer, die Gewürze aus dem Mörser, Kurkuma, Garam Masala, Paprikapulver und Kreuzkümmel in die Pfanne geben und mit den Zwiebeln und Knoblauch leicht anrösten. Zunächst die Kokosmilch hinzufügen, dann die Brühe.
- Die Tomaten klein schneiden.
- Linsen und Tomaten in den Topf bzw. die Pfanne geben, umrühren und abgedeckt mindestens 45 Minuten köcheln lassen.
- Koriander klein schneiden und mit dem Limettensaft hinzufügen. Mit Salz und Pfeffer abschmecken.
- Das Linsen-Dal heiß in Thermobehälter abfüllen und gut verschließen.
- Für die Chapati Mehl und Salz in eine Schüssel geben; nach und nach das Wasser hinzugeben, bis ein Teig entsteht. Auf einer bemehlten Arbeitsfläche mit den Händen gut durchkneten, zu einer Kugel formen und mit Öl einreiben. Abgedeckt eine halbe Stunde ruhen lassen.
- Den Teig in 6 Teile schneiden und zu kleinen runden Fladen ausrollen.
- Eine Pfanne (ohne Fett) erhitzen und die Teigfladen hineingeben. Jeweils nur kurz von beiden Seiten bräunen. Sollten die Fladen Blasen bilden, diese mit einem Pfannenwender etwas flachdrücken (nicht zu kräftig).
- Die Chapati nach dem Braten mit Ghee bestreichen.

Chapati – oder auch Roti genannt – ist ein ungesäuertes Fladenbrot, das aus einem Vollkornmehl aus Hartweizen (Atta) zubereitet wird. Ihr bekommt traditionelles Chapati-Mehl im Asia-Markt.

NACHHALTIG UNTERWEGS IN DEN ALPEN

Besonders im Gebirge sieht man die Folgen des Klimawandels: Gletscherschmelze, fehlender Schnee im Winter und heiße Sommer, die Tieren und Pflanzen schaden, sind sichtbar und leider keine Seltenheit mehr.
Daher gibt es inzwischen viele „grüne“ Hütten, die klimaneutral oder emissionsfrei funktionieren — dank Photovoltaikanlagen auf den Dächern und Wasserfilteranlagen. Zudem wird auch hier immer mehr auf vegetarisches Essen mit Bio-Siegel gesetzt, dazu kommt Regionalität und Saisonalität.

Es gibt in den jeweiligen Ländern Umweltzeichen und Gütesiegel, an denen ihr nachhaltige Hütten erkennt. Hier wird nicht nur das angebotene Essen und die Energieversorgung bewertet, sondern auch Betriebsführung, Abfallmanagement und Ausstattung.

Wenn ihr eine Übersicht sucht, ob — und wenn ja, wo — sich auf euren Touren ökologisch nachhaltige Hütten befinden, könnt ihr beim örtlichen Tourismusbüro nachfragen oder auf gängigen Seiten für nachhaltiges Reisen wertvolle Informationen finden.

Zudem ist hier im Anhang eine Liste von nachhaltigen Fashionlabels und Fashionseiten. Denk daran, dass nachhaltige Kleidung auch die ist, die ihr bereits im Schrank liegen habt und die nicht unnötig ersetzt wird.

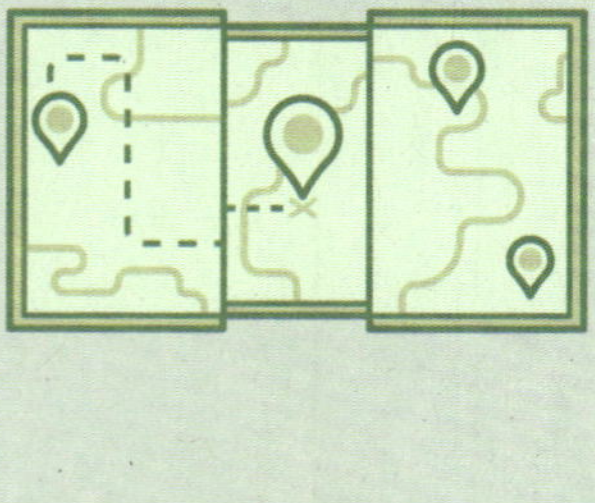

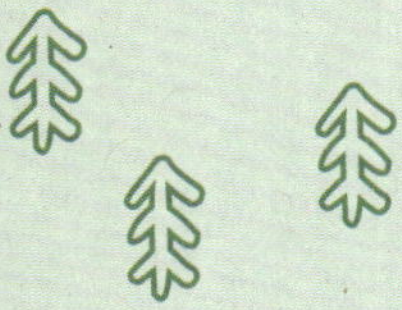

Wenn ihr euch neue Sport- oder Outdoor-Kleidung kauft, dann schaut auf das eingenähte Hinweisschild, aus was die Kleidung besteht und wo sie produziert wurde. Wenn ihr euch unsicher seid, bittet das Fachpersonal um Hilfe oder erkundigt euch zu Hause noch einmal online, ob auch kein so genanntes *green washing* vorliegt, also „grüne“ Werbung ohne echtes Engagement dahinter. Wenn ihr nur leichte Touren plant, könnt ihr auf klassische Funktionskleidung verzichten und könnt stattdessen auf Naturmaterialien wie Baumwolle und Merino setzen. Diese Wäsche schont dann auch beim Waschen die Umwelt, da keine Mikroplastik ins Abwasser gelangt.

HILFREICHE WEBSEITEN ZUM THEMA NACHHALTIG WANDERN UND REISEN

Bergwelten: https://www.bergwelten.com

Alpin: https://www.alpin.de

Planet Outdoor: https://planetoutdoor.de

Utopia: https://utopia.de

Deutscher Alpenverein: https://www.alpenverein.de

Natur erleben: https://www.naturerleben.net

Österreichisches Umweltzeichen — Ihr unabhängiges Gütesiegel für Umwelt und Qualität: https://www.umweltzeichen.at

In den Bergen: https://www.indenbergen.de

Hüttentouren: http://huettentouren.net

Naturfreunde — Umwelt & Natur: https://umwelt.naturfreunde.at

Allgäuer Alpenblog: https://www.allgaeueralpen.com

ökologisch unterwegs: https://www.oekologisch-unterwegs.de

Kindertouren: https://kinderoutdoor.de

Wanderfreunde: https://wanderfreude.eu

Bergtour: https://www.bergtour-online.de

Wandern und Naturschutz: http://www.wandern-naturschutz.de

Deutsches Wanderinstitut: https://www.wanderinstitut.de

Deutscher Wanderverband: https://www.wanderverband.de

ADAC: https://www.adac.de

Peppermynta: https://peppermynta.de

GEO: https://www.geo.de

Mein Klimaschutz — Bundesministerium für Wirtschaft und Klimaschutz | Deutschland: https://www.mein-klimaschutz.de

klimaaktiv — Bundesministerium Klimaschutz, Umwelt, Energie, Mobilität, Innovation und Technologie | Österreich: https://www.klimaaktiv.at

Global Citizen: https://www.globalcitizen.org

Wanderdörfer | Österreich: https://www.wanderdoerfer.at

HILFREICHE WEBSEITEN ZUM THEMA NACHHALTIGE WANDER- UND OUTDOORKLEIDUNG

Greenality: https://www.greenality.de (z.B. das Label Bleed)

Avocadostore: https://www.avocadostore.de (z.B. das Label MONTREET oder Jeckybeng)

Hess Natur: https://www.hessnatur.com

Nachhaltige Sportbekleidung: https://nachhaltige-sportbekleidung.de

Naturzeit: https://www.naturzeit.com

Bergfreunde: https://www.bergfreunde.de (z.B. das Label PICTURE)

bergzeit: https://www.bergzeit.de (z.B. das Label Triple2 oder Houdini Sportswear)

INFOS ZU BIWAKPLÄTZEN UND -SCHACHTELN

Allgemeines über das Biwakieren in Deutschland, dazu eine interaktive Karte mit Biwakplätzen: https://trekkingtrails.de/trekkingplaetze/

Liste von Biwakplätzen in Deutschland und Österreich: https://mehr-berge.de/legal-biwakieren-biwak-und-naturzeltplaetze-in-deutschland-und-oesterreich/

Allgemeines über das Übernachten in Biwakschachteln: www.bergzeit.de/magazin/biwakschachtel-alpen-notunterkunft/

Interaktive Landkarte mit Biwakhütten und -schachteln in Mittel- und Westeuropa: www.deine-berge.de (Karten>Hütten>Biwak im Menü auswählen)

Mehr Biwaks *(refuges)* auf Französisch: www.refuges.info und www.pyrenees-refuges.com

aircontact
55+10

REGISTER

Marie & Julius Feldt
Nachhaltige und einfache Campingküche
Unsere besten Rezepte und Ideen für nachhaltigen und genussvollen Urlaub

152 Seiten, 17 × 24 cm
Paperback
ISBN 978-3-7995-1551-1

„Ab nach draußen! Wir lieben die kleinen und großen Fluchten mit unserem Campingbus in die Natur, den ersten Kaffee am Morgen mit Blick auf die stille Wiese, das Picknick am Bach, das Lagerfeuer am Abend. Kochen beim Campen ist für uns keine ›Hausarbeit‹, sondern ein entspanntes Gemeinschaftserlebnis, vom Beerensammeln im Wald über den Einkauf auf dem Markt bis zur abendlichen Runde mit Stockbrot am Feuer. Und damit das Ganze für uns und für die Natur auch so stressfrei bleibt, haben wir einfache Rezepte zusammengestellt, die auf exotische Zutaten verzichten und trotzdem Urlaubsflair verbreiten.“ Marie und Julius Feldt

- Einfache, schnelle Rezepte mit viel Gemüse für Frühstück, Picknick, Lagerfeuer und für Regentage im Camper
- Mit Packlisten, Einkaufstipps und Hinweisen zu umweltfreundlichen Campingplätzen in Europa
- Inklusive Tipps zum Feuermachen, Wildkräutersammeln und zero waste

Bildnachweis

Fotos von unsplash: S. 2 Toomas Tartes; S. 7: Wojciech Then; S. 24: Alireza Shojaei; Andrew Solok; S. 38: Florian Weichelt; S. 44: Dario-Bronnimann; S. 55: Alexandra-Smielova; S. 64; Alexander Milo; S. 65: Ali Kazal; Annie Spratt; S. 66 Kevin Wolf; S. 88: Ante Hamersmit; S. 110 Garret Sears; S. 111: Paxson Woelber; S. 112 Austin Ban-juHay; S. 125 Igal Ness; S. 134: Markus Spiske, Norbert Buduczki; S. 135 und 158: Marek Piwnicki S. 136 Mael Balland; S. 146: Brandon Burridge; S. 147 Jake Melara; S. 152: Tobias Rademacher; S. 153: Peter Vanosdall; S. 157: Patrik Laszlo

Alle übrigen Bilder: Finken & Bumiller mit Camille Samson